KB050162

협력의 역설

옮긴이

정지현

스무 살 때 남동생의 부탁으로 두툼한 신시사이저 사용 설명서를 우리말로
옮겨준 것을 계기로 번역의 매력과 재미에 빠졌다. 대학 졸업 후 출판 번역
에이전시 베네트랜스에서 전속 번역가로 활동하고 있다. 미국에 거주하며
작업한다. 옮긴 책으로는 《마흔이 되기 전에》, 《타이탄의 도구들》, 《스몰빅》,
《하루 5분 아침 일기》, 《나는 왜 너를 사랑하는가》 등이 있다.

협력의
역설

세상을 바꾸는
분열의 힘

에덤 카헤인 지음
정지현 옮김

Collaborating
with the Enemy

메디치

애덤 카헤인에게 쏟아진 찬사

정부 부문

우리나라의 미래를 놓고 애덤 카헤인과 함께 일한 적이 있다. 우리가 짠 네 가지 시나리오는 차례차례 구현되었고, 이제 우리나라는 제일 나은 시나리오 속에서 살고 있다.《전환을 위한 시나리오 계획 *Transformative Scenario Planning*》에서 애덤 카헤인은 시나리오 계획이 어떻게 미래를 바꿀 수 있는지 설명한다. 콜롬비아가 그런 변화가 가능하다는 것을 입증할 수 있다.

—후안 마누엘 산토스Juan Manuel Santos, 콜롬비아 전 대통령, 노벨 평화상 수상자

《통합의 리더십》은 우리 시대의 중점 과제에 대해 얘기하는 놀랄 만한 책이다. 바로 우리가 만들어낸 문제를 해결하기 위해 함께 일하는 방법에 대해 설명한다.

—넬슨 만델라Nelson Mandela, 남아프리카공화국 전 대통령, 노벨 평화상 수상자

"의사 결정의 질은 그 과정의 질에 크게 좌우된다. 하지만 (대부분 국가가 그러하듯) 내 조국의 정치적 과정은 '적화'를 유발한다. 기후 변화나 경제적, 사회적 분열 등 이 시대의 최고 난제를 풀려면 적과 협력하는 방법을 배워야 한다. 애덤 카헤인은 그 방법을 알려준다."

—제임스 쇼James Shaw, 뉴질랜드 국회의원, 녹색당 공동대표

"《포용의 리더십》에는 평소라면 절대로 만나거나 함께 일할 리 없는 사람이 모인 비전과테말라 팀의 이야기가 나온다. 팀원들은 물론 우리나라를 위해 새로운 가능성을 활짝 열어준 전례 없는 경험이었다. 애덤 카헤인은 우리가 꿈과 이상을 가꾸도록 도와주고 사회 변화를

위한 행동을 실천하는 힘과 희망을 주었다."
—라켈 셀라야Raquel Zelaya, 과테말라 전 평화부 장관

"인류의 진보와 변화는 지속 가능한 발전부터 평화와 보안 유지에 이르기까지 접근법 자체가 달라져야 하는 매우 복잡한 문제를 초래했다. 《협력의 역설》은 그러한 문제 해결에 개입해온 애덤 카헤인의 광범위한 경험을 엿보는 기회이자 성공과 실패에 대한 솔직하고 용감한 회상이며 그 모든 경험에서 나온 새로운 협력 방식을 알려주는 설명서다."
—쿤토로 망쿠수브로토Kuntoro Mangkusubroto, 인도네시아 대통령 직속 조직 딜리버리 유닛 책임자, 영국 옥스퍼드대학교 블라바트닉정부학교 특별 강사

"마하트마 간디는 '변화를 원한다면 네가 그 변화가 되어라'라고 했다. 그의 생애는 더욱더 심오한 진실을 드러내주었다. 세상을 바꾸려면 자신이 바뀌어야 한다는 것이다. 그의 자서전에도 《나의 진실 추구 이야기My Experiments with Truth》라는 제목이 붙었다. 세상을 바꾸려는 세계 각국의 사람들을 도와준 애덤 카헤인의 이야기는 간디의 심오한 통찰을 실현한 이야기이기도 하다. 솔직하고 아름답다."
—아룬 마이라Arun Maira, 인도 국가계획위원회 전 회원, 인도 보스턴컨설팅그룹 전 회장

비즈니스 부문

"애덤 카헤인의 《포용의 리더십》은 기업 전략이든 갈등, 빈곤, 기후변화 같은 사회적 난제든 이 시대의 긴급 사안이 해결되려면 문제의 당사자들이 열린 대화를 통해 상황을 함께 진단하고 진전을 위해 헌신해야 한다는 사실을 가르쳐주었다. 《통합의 리더십》에서는 한 단계

더 나아가 협력에 필요한 리더십을 가르쳐준다. 성찰하는 리더라면 꼭 읽어야 할 책이다."

—라비 벤카테산Ravi Venkatesan, 인도 IT 기업 인포시스 디렉터, 인도 마이크로소프트 전 회장

"애덤 카헤인은 우리가 매일 마주하는 중요한 난제를 다룬다. 우리가 갈등하고 미래에 대한 비전을 공유할 수 없는 상황에서 어떻게 벗어날 수 있을까? 그는 과거 자신이 따랐던 방식을 포함해 기존의 관행을 뒤집고 현재의 어려운 환경에 적합한 새로운 협력을 제안한다."

—얀 키스 비스Jan Kees Vis, 유니레버 지속 가능한 소싱 부문 글로벌 디렉터

"현대 사회는 빈곤, 불평등, 지속 불가능, 부패 등 기존의 방법으로는 절대 풀 수 없는 최대 난제에 직면했다. 이해관계 충돌과 불확실한 미래가 우리를 제자리에 얼어붙게 하여 아무것도 하지 못하게 만든다. 애덤 카헤인은 공동의 진전과 이익이 있는 미래를 창조하는 도구를 개발하고 성공적으로 활용했다."

—피터 슈워츠Peter Schwartz, Salesforce.com 선임 부회장, 《미래를 읽는 기술The Art of the Long View》 저자

시민 단체 부문

"《협력의 역설》에서 애덤 카헤인은 서로 의견이 일치하지 않아도 힘든 문제를 함께 해결할 수 있음을 보여준다. 기업과 정부, 공동체, 일상생활에 모두 유용한 똑똑하고 시기적절한 책이다."

—마크 터섹Mark Tercek, 비영리 환경 단체 네이처컨서번시 회장, 골드만 삭스 전 매니징 디렉터, 《나는 자연에 투자한다Nature's Fortune》 저자

"애덤 카헤인은 직접 경험으로 뒷받침되는 탄탄하고 명확한 방법론을 제안한다. 내가 먼저 바뀌어야 상황도 바뀔 수 있다고 이야기한다."
—루이스 라울 곤살레스 페레스Luis Raul Gonzalez Perez, 멕시코인권위원회 회장

"요즘 대립과 갈등은 새로운 정상 상태가 되었지만 보통은 무력함으로 반응하는 듯하다. 이러한 혼란 가운데 마치 '특별 지령'과도 같이 등장한 《협력의 역설》은 다르게 보고 생각하기를 통해 난제를 헤쳐 나갈 수 있음을 알려준다. 애덤 카헤인은 기존의 문제 해결 방식을 벗어나 복잡한 세상에 효과적인 행동을 보여준다."
—제임스 기미언James Gimian, 《마인드풀Mindful》 발행인, 《전쟁의 기술The Art of War》, 《승리의 법칙The Rules of Victory》 저자

"《전환을 위한 시나리오 계획》은 가정과 지역, 국가를 넘어 우리가 일상에서 마주하는 까다로운 문제들을 다루는 명쾌한 수단을 제공한다. 진정한 변화가 가능하다는 현실적인 희망을 선사한다. 이 책에 담긴 통찰과 교훈은 모든 리더의 도구 상자에 들어가야 한다."
—타보 마크고바Thabo Margoba, 케이프타운 영국 성공회 대주교

"우리 업계에서는 근본적으로 생각이 다른 사람들의 갈등을 해결하는 것이 가장 골치 아픈 문제다. 애덤 카헤인은 이 필수적인 난제를 해결하는 강력한 이론과 확실한 실제를 제공한다."
—오퍼 잘츠버그Ofer Zalzberg, 비영리 국제기구 국제위기그룹 선임 중동 분석관

"애덤 카헤인은 《포용의 리더십》에 담긴 핵심 메시지를 이번에는 미지의 영역으로 가져간다. 다루기 힘든 문제를 다른 사람들과 함께 해결하는 아주 골치 아프고 도전적이며 꼭 필요한 과제 말이다. 이 책에

서 그는 협력을 새로 정의하고 개인의 행위성과 집단행동의 상호작용에 대한 가정을 시험한다. 이론이자 회고록이자 실용적 안내서인 《협력의 역설》은 보다 나은 세상을 만들기 위해 크고 작은 일을 하는 사람들을 위한 필독서다."

—로스 맥밀런Ross McMillan, 사회 및 환경 단체 타이즈캐나다 회장

재단

"얼마나 많은 사람이 '불가능한' 문제를 해결하고 '건널 수 없는' 다리를 잇도록 도와주는 방법을 고안하는 꿈을 꾸었을까? 애덤 카헤인이 해냈다. 읽고 듣고 흡수하고 통합하라."

—페터 골드마르크Peter Goldmark, 록펠러재단 전 회장

"위험한 상황에서 벗어나려면 같이 일하고 싶지 않은 사람들과 같이 일하는 방법을 배워야 한다. 애덤 카헤인은 남아프리카와 북아일랜드, 콜롬비아 등 세계 각지에서 철천지원수들이 평화를 구축할 수 있도록 도와준 경험을 바탕으로 '반대자들'과 협력해야만 앞으로 나아갈 수 있다는 통찰과 교훈을 제공한다. 《협력의 역설》은 《손자병법》이나 마키아벨리의 《군주론》과 나란히 놓여야 하는 책이다."

—스티븐 후다트Stephen Huddart, J.W.매코널넬가족재단 회장

"애덤 카헤인은 낭만적이고 선형적인 갈등 변화 접근법에서 벗어나도록 해준다. 《협력의 역설》은 참여하지 않는 중재자의 잘못된 고정관념을 직접적으로 비판하고 적과 함께 일하는 기술을 제시한다."

—고르카 에스피오Gorka Espiau, 영재단 어소시에이트 디렉터, 스페인 바스크자치정부 주지사 전 평화 자문위원

학술 부문

"《협력의 역설》은 험난한 이 시대의 등대와도 같은 책이다. 공동체 생활을 위험에 빠뜨리는 분열을 이겨내도록 도와주는 심오한 지침과 희망의 원천이 여기 있다."

—루퍼스 블랙Rufus Black, 멜버른대학교 오몬드칼리지 학장

"《포용의 리더십》은 보기 드문 책이다. 애덤 카헤인은 사회적 변화를 추구하는 사람들을 돕는 실질적인 난제에 몸담아왔다. 그러한 배경을 바탕으로 힘과 사랑이 개인과 집단의 여정을 설명하는 두 가지 중심축이라는 간단하면서도 날카로운 통찰을 풀어낸다. 힘과 사랑의 균형을 유지하는 법을 터득하지 않으면 심오하고 지속적인 변화를 추구하려는 시도는 실패할 수밖에 없다."

—피터 센게Peter Senge, 매사추세츠공과대학교 교수, 《제5 경영The Fifth Discipline》저자

내 모든 적이자 스승에게 바칩니다.

차례

추천의 글

성숙한 '숙론'을 위해 필요한
협력의 기술

만일 요즘 리더들의 어록을 가지고 빅데이터 분석을 해 보면 어떤 키워드가 가장 빈번하게 나올까? 최고로 빈번한 키워드를 맞출 자신은 없지만 그 목록의 상위권에 '소통'과 '협력'이 들어갈 것쯤은 쉽게 짐작할 수 있다. 하지만 역설적으로 나는 소통과 협력이 원활하게 잘되는 조직을 본 적이 없다. 오랜 고민 끝에 그 이유를 찾았다. 원래 소통과 협력은 안 되는 게 지극히 정상이기 때문이다. 소통과 협력에는 어떤 형태로든 자기 희생이 수반된다. 스스로 자기 생명의 주인이라고 생각하는 독립적 생명체로서 희생은 애당초 쉽지 않은 일이다. 오죽하면 평생을 해로하기로 약속한 부부 사이에도 완벽한 소통과 협력이 불가능할까? 하물며 "생각도 다르고 호감도, 신뢰도 없는" 사람과 함께 일하라니…….

　세상에는 두 종류의 동물이 있다. 혼자 사는 동물과

모여 사는 동물. 개미와 꿀벌, 박쥐와 얼룩말, 침팬지와
인간은 모두 모여 산다. 이런 사회성 동물 중 인간만 유
일하게 이룩한 진화의 단계가 있다. 침팬지 열댓 마리가
쾌적한 카페에 둘러앉아 커피나 차를 마시고 있는데 전
혀 모르는 침팬지 한 마리가 뚜벅뚜벅 걸어 들어와 카운
터에서 카페라테를 주문하는 장면을 상상해보라. 그 열
댓 마리의 침팬지들이 순식간에 덤벼들어 그 낯선 침팬
지를 갈기갈기 찢어 놓을 것이다. 그런데 우리는 수백 명
이 웅성거리는 서울역 대합실에 겁 없이 들어선다. 이 세
상 모든 사회성 동물 중에서 이 단계를 넘어선 동물은 호
모 사피엔스밖에 없다. 우리는 거대한 익명 사회를 구축
하고 문명을 일으켰다. 우리는 늘 "생각도 다르고 호감
도, 신뢰도 없는" 사람과 일해왔다. 늘 힘들어하면서.

　　1990년 2월 넬슨 만델라가 27년간의 복역을 마치고
석방되자 남아공 사회는 일촉즉발의 위기를 맞았다. 흑
백 갈등은 물론, 진보 단체와 극우 보수 진영, 기업과 노
동자, 빈민과 중산층 간의 갈등이 첨예하게 드러나는 위
기 상황에서 1991년 9월 케이프타운 몽플뢰르콘퍼런스
센터에 남아공의 현재와 미래 세력을 대표할 차세대 지
도자 22인이 모였다. 웨스턴케이프대학 피터 르 루Pieter
le Roux 교수를 중심으로 당시 남아공 사회의 인종과 세력

집단을 망라하는 다양한 사람들이 자발적으로, 혹은 누
군가의 추천을 받아 콘퍼런스에 참여했다. 비록 공식적
인 모임은 아니었지만 이들은 현재 권력을 잡고 있는 세
력과 앞으로 권력을 잡게 될 세력을 대표하는 인물들이
었다. 콘퍼런스 참가자들이 채택한 방식은 1970년대 '오
일 쇼크'에 대처하기 위해 고안한 '시나리오 사고scenario
thinking' 방법론이었다. 이를 위해 진행중재자facilitator로
초대된 사람이 바로 이 책의 저자 애덤 카헤인이다. 그는
오랫동안 다국적 에너지기업 셸Shell에서 복합적이며 다
면적인 갈등을 조정하는 업무를 담당해온 소통과 협력
전문가이다. 나는 몽플뢰르콘퍼런스 성공의 절반은 카
헤인 영입에 달려 있었다고 생각한다. 그는 이후에도 세
계 여러 갈등 지역에 초대되어 탁월한 역량을 발휘한다.
이 책은 그가 인종 갈등이 심하거나 격한 내전이 벌어지
는 지역처럼 치열한 갈등 현장에서 얻은 주옥같은 혜안
들을 담고 있다.

돌아가신 노무현 대통령의 최우선 국정 목표는 지
역 구도 타파였다. 그러기 위해 그는 줄기차게 '대화와
타협'을 부르짖었다. 그런데 뜻밖에도 카헤인은 이 책에
서 대화가 전부가 아니라고 단언한다. 협력에는 배려와
참여 못지않게 원칙에 입각한 주장도 필요하다는 사실

을 일깨워준다. 우리가 협력이 어렵다고 느끼는 이유는
협력의 본질을 오해했기 때문이다. 그동안 우리가 협력
을 하기 위해 가졌던 모임은 대체로 전략 회의와 흡사했
다. 이는 협력을 너무 성급하게 공동 작업의 단계로 옮겨
놓기 때문에 일어난다. 카헤인은 "협력은 통제될 수도 없
고 통제되어서도 안 된다"고 말한다. 어차피 우리는 거
의 언제나 "생각도 다르고 호감도, 신뢰도 없는" 사람과
일해야 하기에 협력은 필연적으로 '스트레치 협력stretch
collaboration'일 수밖에 없다. 함께 일하는 사람들과 관계
맺는 방식, 상황을 진전하는 방식, 상황에 참여하는 방식
모두를 바꿔야 타협에 이를 수 있다.

　　"미국은 재미없는 천국이고 한국은 재미있는 지옥
이다"라는 우스갯소리가 있다. 우리 사회는 겉으로 보면
전례 없이 분열돼 있는 것처럼 보인다. 조선 말기의 망국
적 양상과 흡사하다고 우려하는 지식인들도 제법 많다.
인터넷 속도는 세계에서 제일 빠른 정보통신국가에서
소통과 협력이 거의 불가능하다니 이 무슨 어처구니없
는 일인가? 그래서 지금 나는 우리에게 가장 필요한 것
은 다름아닌 토론 문화의 부활이라고 생각한다. 서양 사
회에서 토론discussion은 남의 얘기를 들으며 내 생각을 다
듬는 행위이다. 그러나 우리나라 사람들이 토론에 임하

는 자세를 보면 심히 결연하다. 기어코 상대를 제압하겠다는 결기로 충만해 남의 혜안이 비집고 들어올 여지가 없다.

이러한 태도가 지나치면 카헤인이 이 책의 서두에서 언급한 '적화 증후군enemyfying syndrome'에 사로잡힌다. '나는 맞고 너는 틀렸다'고 생각하며 상대를 파멸해야 할 적으로 여기는 것이다. 이 지경까지는 아니더라도 '문제의 원인은 내가 아니라 당신에게 있다. 그러니 협력을 위해서는 당신이 먼저 바뀌어야 한다'고 생각하는 사람들을 쉽지 않게 발견할 수 있다. 저자는 스트레치 협력에 이르는 세 단계 실천 방법을 소개하며 마지막에 다시 한 번 이 적화 증후군을 언급한다. 타인이 무엇을 하지 않았는지, 혹은 무엇을 해야 하는지 먼저 따지기보다 자기 자신 역시 해결해야 할 문제의 일부임을 깨달아야 한다는 것이다.

"문제의 일부가 아닌 사람은 해결책도 될 수 없다"는 이 책의 메시지를 곱씹어보자. 그리고 우리의 토론 문화를 되돌아보자. 토론은 누가 옳은가가 아니라 무엇이 옳은가를 찾는 행위다. 그리고 무엇이 옳은가를 찾기 위해서는 때로 상대가 아니라 내가 먼저 바뀌어야 하는 상황이 올 수도 있다는 사실을 받아들여야 한다. 토론에 참여하는 우리는 모두 이러한 '상황에 대한 책임'을 공유한다. 그런데 사실 토론의 '칠 토討'자는 '공격하다'와 '두들겨 패다'에서 '비난하다'와 '정벌하다'라는 의미까지 품고 있다. 그래서 나는 이참에 다분히 오염된 '토론'이라는 용어를 버리고 여럿이 함께 깊이 생각하고 충분히 의논한다는 의미의 숙론熟論이라는 신조어를 제안한다. 이 책이 이 땅에 성숙한 숙론 문화를 정립하는 데 좋은 길잡이가 되어주기를 기대해본다.

최재천

이화여대 에코과학부 석좌교수, 생명다양성재단 대표

추천의 글

생각의 전환. 세상을 더 나은 곳으로 만들고자 애쓰고 있다면 이것만큼 유용한 경험은 드물다. 생각을 뒤집는 것은 변화의 본질이자 새로운 믿음의 토대다. 훌륭한 리더십의 핵심이기도 하다. 대개 변화는 느리게 일어난다. 변화는 교육을 통해서나 불안한 경험을 성찰하면서 일어나기도 하지만 대개는 자신도 모르게 일어난다. 하지만 운이 좋을 때도 있다. 책 한 권을 읽고 마음이 움직일 수도 있다. 애덤 카헤인의 《협력의 역설*Collaborating with the Enemy: How to Work with People You Don't Agree with or Like or Trust*》이 바로 그런 책이다.

이 책의 내용은 부제 그대로다. 생각도 다르고 좋아하지도 않고 신뢰도 없는 사람과 함께 일하는 방법을 다룬다. 처음에는 생각이 다른 사람과 협력하라고 한다. 그렇게 어렵지 않다. 난도는 더 올라간다. 좋아하지 않는 사람과 협력하라고 한다. 일터에서는 흔한 일이기도 하니까 이것도 그럭저럭할 만하다. 하지만 마지막 과제는 좀 더 힘들다. 신뢰하지 않는 사람과의 협력은 적과 일하는 것과 같다. 《협력의 역설》은 바로 그 방법을 알려주는 책이다.

오늘날을 돌이켜보면 이 책이 그렇게 적절할 수가 없다. 우리는 매우 복잡한 시대에 산다. 분열과 양극화를 초래하는 시대다 보니 나와 생각이 같은 사람을 찾으려고 한다. 비슷한 사람끼리 만날 수 있는 수단도 많아진다. 우리는 관심사, 취향, 정치관이 비슷한 사람에게 끌린다. 온라인에서는 같은 물건을 고른 사람들이 또 무엇을 샀는지 알려준다. 꽤 효과적이다. 좀 더 큰 규모로는 도시에 분리 정책을 부활시켜 비슷한 사람들끼리 어울려 사는 동네를 만든다. 국가적으로는 이방인을 내쫓고 빼앗긴 나라를 되찾게 해줄 것 같은 정치인에게 표를 던진다.

우리는 소외와 고립이 커지는 시대에 산다. 사회 제도와 정부가 내 이익을 챙겨주리라는 믿음도 약해졌다. 선거는 일종의 '반대' 투표가 되었다. 경제와 이데올로기의 분열과 가치 대립이 점점 심해진다.

애덤 카헤인의 《협력의 역설》은 그래서 중요하다.

의견이 일치하지도 좋아하지도 믿지도 않는 당사자들이
모여 불가능해 보이는 미래를 함께 만들어나갈 방식을
제시하기 때문이다. 협력 과정을 알기 쉽게 설명해준다.
애덤과 동료들은 생각을 정말로 실행에 옮겼다. 그들이
행동한 결과 세상이 변화했다. 이 책이 나의 어떤 생각을
바꿔놓았는지 짚어보려고 한다.

하나, 나는 다른 사람과 협력하는 것이 가장 중요하다고
생각했다. 기본적으로 인간은 협동하는 존재이고 협력
을 바랄 테니 장애물만 제거하면 된다고 믿었다. 하지만
아니었다. 이 책에서는 협력이 유일한 선택지가 아니라
고 말한다. 다른 사람에게 내 방식을 강요하고 따르도록
할 수 있다. 상황에 적응하는 쪽을 선택할 수 있다. 타협
하고 차이를 최소화하며 조화를 이룰 수 있다. 애덤은 매
우 절망적인 상황에서 협력을 떠올리는 방법을 설명한
다. 결과를 통제하고 상대방에게 자기 생각을 강요하거
나 적응하는 일이 통하지 않는 상황 말이다. 이 책은 당
사자들이 동의하는 점이라고는 변화가 필요하다는 사실
뿐인 끔찍한 상황에서 새로운 방법을 찾아내는 협력을
이야기한다. 개인이나 조직, 공동체가 새로운 시도를 할
수밖에 없거나 준비가 완료되었을 때 쓰는 접근법이다.

둘, 나는 오랫동안 정부, 기업, 학교, 교회, 협회 같은 조직의 컨설턴트로 일했다. 팀의 작업을 개선하고 노사 신뢰를 구축하며 부서 간에 효과적인 공조가 이루어지도록 돕는 일이었다. 어떤 상황이든 모두가 공동의 목표를 추구한다는 가정이 뒤따랐다. 함께 일하거나 서로 신뢰할 마음도 본능도 없다면 함께 일하는 게 무슨 소용이냐고 생각했다. 하지만 이 책에 따르면 바로 그때가 협력할 시점이다.

셋, 분열과 양극화를 해결하려면 연대와 전략을 통해 상대편을 패배시키거나 약하게 만들어야 한다는 믿음이 사회 문화적으로 널리 퍼져 있다. 다들 자기 입장이 우월하다는 사실을 증명하려고 안달이다. 정유, 담배, 제약 회사들은 독립 싱크 탱크를 만들어 상대편에게 의구심을 던질 만한 연구를 수집한다. 우리는 해결하지 못했던 복잡한 문제를 다룰 때 각종 마케팅 전략을 세우고 사회 운동을 일으키며 정치 의지를 동원해 원하는 변화를 만들려고 한다. 공공 영역에서는 마약과의 전쟁, 빈곤과의 전쟁, 테러와의 전쟁 그리고 내전이 대표 전략이었다. 지도자들은 정상 회담을 열어 선언문을 작성하고 일련의 행동 단계와 뉴스 보도를 내놓는다. 언제나 전체의 이익 추구가 정상 회담의 목적이다. 상품이 판로를 잃거나 산업이나 사업이 사양길에 접어드는 등 조직이나 경영에 위기가 닥쳤을 때 사람들은 관리 방식을 바꾼다. 기업 문화를 바꾸는 프로그램을 고안하고 교육 프로그램과 새로운 기준을 마련하며 인재를 채용하고 민첩성과 혁신을 추구한다.

이러한 변화 시도는 모두 널리 활용되는 전략이고 긍정적인 효과도 있다. 확실히 개선 효과는 있지만 사실은 대부분 상대방에게 변화를 요구한다. 내 의도에 맞춰 생각과 행동을 바꾸라고 말이다. 완전히 식민지적인 방식인 데다가 대개 실망스러운 결과로 이어진다.

변화 추구가 쉽지 않은 상황에서 단순하고 순진한 기존 전략은 두 가지 전제를 바탕으로 한다. 첫 번째는 다른 사람들과 세상을 위한 최선이 무엇인지 아는 엘리트 집단이 존재한다는 전제다. 싱크 탱크를 만들고 마약, 빈곤, 테러 같은 부정적 사안과의 전쟁을 선포하고 정상 회담에서 발언하고 협상가를 뽑는 것이 지도자와 전문가로 이루어진 핵심 집단의 권리이자 의무라는 성스럽기까지 한 견해 말이다. 정부, 기업, 학교, 교회 같은 조직에서는 그 핵심 집단이 바로 최고 경영진이고 그들이 변

화를 일구는 프로그램을 마련하기에 가장 적합하다고
믿는다.

두 번째는 문제를 해결하면 미래로 나아갈 수 있다
는 전제다. 비전에 합의하고 목표를 세우고 그곳으로 향
하는 예측 가능한 길을 설정한다. 마감 기한과 단계별 목
표가 있는 관찰 가능한 평가 기준을 명시하면 변화가 일
어난다는 믿음이 존재한다. 책무를 다하고 실패에 책임
을 져야 한다는 생각과 분위기가 그런 믿음을 더욱 고착
시킨다.

《협력의 역설》은 그런 행동 방식에 의문을 제기하
라고 주장한다. 중대한 이해관계자 사이에 의견 차이와
갈등이 존재하는 복잡한 문제라면 더더욱 그래야 한다.
사회나 조직의 복잡한 문제는 다른 방식의 대처가 필요
하다. 애덤 카헤인은 매우 특별한 방법을 제시한다.

그는 전통적인 문제 해결법의 대안으로 스트레치
협력을 이야기한다. 불신, 양립할 수 없는 목표, 뿌리 깊
은 원한의 역사를 가진 사람들이 합의에 도달하지 않고
도 새로운 미래를 만드는 방법을 설명한다. 생각이 달라
도 협상을 거치거나 어떤 행동 방안을 목표로 삼지 않고
함께 일할 수 있다는 뜻이다. 변화가 필요한 상황이라는
점만 합의하면 된다. 자신의 해결책이나 입장을 포기할

필요가 없다.

내가 그동안 자주 활용했지만 애덤이 경계하는 기존 전략은 또 있다. 바로 문제 당사자들의 관계와 이익의 본질에 초점을 맞추는 것이다. 우리는 일반적으로 경청하고 신중하게 구성된 대화 형식을 따르며 까다로운 대화를 통제하고 합의한 뒤 이해에 도달하려고 한다. 물론 대화는 유용한 방식이지만 '스트레치' 협력에서는 주요 사안이 아니다. 대안적 미래를 만들려면 대화 방식을 바꾸는 것만으로 충분하지 않다. 다른 것이 더 필요하다.

스트레치 협력에는 세 가지 주요 원리가 있다. 자세한 내용은 책 안에 있으니 간략하게만 소개하겠다. 첫째, 한 명도 빠짐없이 모든 사람의 입장이 타당하고 가치 있다는 사실을 인정해야 한다. 고려해야 할 세계관이나 사고방식이 하나가 아니기 때문이다. 덴마크 물리학자 닐스 보어Niels Bohr의 말에서도 알 수 있다. "훌륭한 생각은 그 반대의 생각도 진실이다."

둘째, 함께 배우는 경험을 통해 진전이 이루어진다. 보통은 협상으로 확실한 것을 찾아내려고 하지, 함께 실험하려고는 하지 않는다. 하지만 누구나 견해가 있다. 상황에 가장 효과적인 방법이 무엇인지 알려면 함께 뭔가를 시도해봐야 한다.

마지막으로 애덤 카헤인은 협업할 때 자신과 타인을 의식해야 한다고 말한다. 적들을 한자리에 모아야 하는 사람들에게 모두 해당한다. 이것은 존재 방식 자체를 바꿔야 한다는 말인데, 상황을 바꾸려 하지 말고 알아차리라는 의미다. 상대방과 마찬가지로 나도 문제에 일조한다는 점을 알아야 한다.

이 책이 값진 이유는 훌륭한 내용뿐 아니라 인간성을 겸손하게 수용하는 태도 때문이다. 애덤 카헤인은 강요가 오히려 협력을 방해했던 경험을 이야기한다. 적들이 서로의 타당성을 존중하고 인정함으로써 불가능하게만 보였던 미래를 함께 만들어간 구체적인 사례를 제시해 이론을 뒷받침한다. 이론과 경험이 통찰을 선사한다.

영적인 관점이 이 책의 토대를 이룬다. 애덤의 다른 책《포용의 리더십*Power and Love*》에 나오는 개념을 활용한 것이다. 이 개념은 알 수도 규정할 수도 없는 협력의 불가사의한 면을 떠올리게 한다. 집단이 새로운 가능성에 마음을 여는 특정한 순간에 그런 협력이 일어난다. 같은 대상에 힘과 사랑을 동시에 행사할 수 있음을 알아야만 가능하다.

이 책은 처음부터 끝까지 온전히 중요하다. 정치적이고 인간적인 괴로움, 협상 불가능해 보이는 갈등, 오랜

경멸의 역사 같은 가혹한 현실을 마주하라고 촉구한다.
그와 동시에 내가 꿈꾸는 새로운 미래에 적이 중요한 역
할을 할 수 있음을 알라고 이야기한다. 물론 먼저 자신을
돌아보아야 한다. 우리는 의식이 있고 배움을 얻고 실수
도 하는 존재다. 의도가 좋아도 신뢰와 합의 그리고 애정
을 잃을 수 있다. 하지만 상황을 개선하는 것 역시 가능
하다.

    잘못된 문제만 크게 떠들기를 좋아하는 언론이 서
로 다른 문화와 이데올로기의 갈등을 부추긴다. 하지만
평화가 승리할 수 있는 공간을 만들어야 한다. 소셜 미디
어에서는 가짜 뉴스가 관심을 끌고 오직 결과만 중요시
하고 깊이라고는 없는 유명 인사가 성공했다고 인정받
지만 이 책은 평화를 목표로 한다.

    세상에는 불필요한 고통이 너무 많다. 자신의 방식
만 너무 밀어붙이거나 찬성할 수 없는데도 그냥 적응하
려고 하니까 고통이 발생한다. 적과의 협력은 우리가 기
다려온 정치의 한 형태다. 힘과 사랑 그리고 친절로 삶을
바꾸는 쉬운 방법을 알아보자.

피터 블록Peter Block

컨설턴트, 《완벽한 컨설팅Flawless Consulting》 저자

머리말

나는 지난 25년 동안 각계각층의 지도자들이 한 팀을 이루어 일자리, 교육, 건강, 식품, 에너지, 기후, 정의, 보안, 평화 같은 이 시대 최고의 난제를 해결하도록 도와주었다. 상황을 진전하기 위해 최선을 다하는 그들은 동료와 친구뿐만 아니라 적과도 함께 일할 준비가 되어 있었다. 정당 정치인, 무장 게릴라, 군 장성, 사회 운동가, 정부 관료, 노동조합원, 기업 임원 등 너무도 다른 사람들 간의 협력은 성공하면 고무적인 돌파구가 나오고 실패하면 실망과 환멸을 가져왔다. 나는 세계 각지에서 진행된 프로젝트를 통해 협력이 왜 성공하고 실패하는지 눈앞에서 관찰할 수 있었다.

같은 시기에 나의 일상에서도 동료, 고객, 파트너, 친구, 가족과의 협력이 이루어졌다. 그들과 일하고 싶을 때도 있고 싫을 때도 있었다. 협력이 성공하면 기분 좋았

지만 실패하면 답답했다. 혼란스럽고 당황스럽기도 했
다. 국제 협력 전문가인 내가 전문 분야에 실패하다니?
일상에서 실패 경험을 통해 협력이 왜 성공하고 실패하
는지 미묘한 결까지도 자세히 관찰할 수 있었다.

　　상반된 두 가지 경험을 병치해보니 놀라웠다. 특별
한 상황이건 평범한 상황이건 협력의 가장 큰 난제는 똑
같았다. 그 난제는 단순하지만 쉽지는 않다. '생각도 다
르고 호감도 신뢰도 없는 사람과 어떻게 같이 일할 수 있
는가?'

　　이 책은 기업이나 정부, 비영리단체, 지역사회 구성
원을 포함해 여러 조직과 부문에서 상황을 해결하려고
애쓰는 사람들을 위해 썼다. 중대한 난제를 진전시키기
위해 동료와 친구뿐만 아니라 적과 반대자와도 함께 일
해야 하는 모든 사람을 위한 책이다.

　　나는 다양한 환경에서 문제 해결을 위한 협력을 많
이 경험했다. 수많은 시행착오를 겪으면서 어떻게 진정
한 협력을 할지 배울 수 있었다. 이 책은 그 배움의 기록
이다.

서론

생각도 다르고 호감도 신뢰도 없는 사람과
함께 일하는 방법

집, 직장, 비즈니스, 정치, 공동체, 국내 및 국제적 사안
에는 똑같은 기본 난제가 자리한다. 중요한 과제를 완수
하려면 다른 사람들과 같이 일하지 않으면 안 된다는 것
이다. 그 대상에는 나와 생각이 다르거나 호감도 신뢰도
없는 사람이 포함된다. 심각한 내적 갈등이 시작된다. 저
사람들과 같이 일해야만 한다는 생각과 같이 일하면 안
된다는 생각이 동시에 일어난다. 협력이 필수적인데 불
가능해 보인다. 도대체 어떻게 해야 할까?

　협력이 불가능하게 느껴지는 이유는 협력에 대한
오해 때문이다. 사람들이 보통 생각하는 협력은 이렇다.
당사자들이 모두 같은 방향을 보아야 하고 목적과 달성
방법에 관한 생각도 똑같아야 하며 상대방을 변하게 만
들어야 한다. 다시 말해서 협력은 통제할 수 있고 그래
야만 한다고 생각한다. 이처럼 전통적인 협력은 전략 회

의와 비슷한 모습이다. 하지만 그 가정은 틀렸다. 복잡한
상황에서 다양한 사람들과 일할 때 협력은 통제될 수도
없고 통제되어서도 안 된다.

스트레치 협력stretch collaboration은 통제에 대한 기존
의 가정을 버린다. 화합과 확신, 순응에 대한 비현실적인
환상을 버리고 불협화음, 시행착오, 공동 창조로 이루어
진 골치 아픈 현실을 받아들인다. 스트레치 협력은 무술
수련과 비슷하다. 생각도 다르고 호감도 신뢰도 없는 사
람들과 복잡한 상황에서 함께 일하도록 해준다.

스트레치 협력은 일하는 방식에서 세 가지 기본적
인 변화를 요구한다.

첫째, 함께 일하는 사람들과 관계 맺는 방식이 바뀌
어야 한다. 공동 목표와 팀의 화합에만 집중하는 편협한
시야가 아니라 팀 안팎의 갈등과 연결을 받아들이는 쪽
으로 나아가야 한다.

둘째, 상황을 진전하는 방식이 바뀌어야 한다. 문제
와 해결책, 계획에 대해 분명한 합의가 있어야 한다고 주
장하지 말고 새로운 관점과 가능성을 체계적으로 실험
하는 쪽으로 나아가야 한다.

셋째, 상황에 참여하는 방식, 즉 수행하는 역할이 바
뀌어야 한다. 타인의 방식을 바꾸려 하지 말고 적극적인

협력의 두 가지 접근법

	전통적인 협력	스트레치 협력
사람들과 관계 맺는 방식	팀 전체의 이익과 조화에 집중 (하나의 우월한 전체)	갈등과 연결 수용 (다수의 부분적 전체)
과제를 진행하는 방식	전원이 문제와 해결책에 동의 (하나의 최적 계획)	실험을 통한 진전 (다수의 창발적 가능성)
상황에 참여하는 방식	다른 사람의 방식을 바꾸려고 함 (한 명의 최고 리더)	함께 게임에 발을 내디딤 (다수의 공동 창조자)

행동에 돌입해 자신을 바꾸는 쪽으로 나아가야 한다.

스트레치 협력은 어렵다. 세 가지 뻗기(스트레치)에는 자연스러워 보이는 것과 정반대되는 행동이 필요하기 때문이다. 갈등과 복잡함을 피하지 말고 오히려 그 속으로 뛰어들어야 한다. 불편하고 겁도 날 것이다.

스트레치에는 다원화도 필요하다. 하나의 지배적인 전체, 하나의 가능성, 한 명의 리더에 집중하지 않고 다양한 부분적 전체(더 커다란 전체의 일부분), 여러 새로운 가능성, 공동 창조자로 관심을 기울여야 한다.

복잡한 상황에서 다양한 사람과 일하는 것은 절대로 간단 명료하지 않다. 에너지를 모으고 니즈의 균형을 맞추어야 하며 행동력이 필요하다. 아무리 스트레치를 해도 이런 일들은 여전히 필요하다. 하지만 두려움과 산

만함이 줄어들고 연결감과 인식이 커진 상태라면 가능
해진다. 이런 말이 있다. "깨닫기 전에도 나무하고 물을
긷는다. 깨달은 후에도 나무하고 물을 긷는다." 스트레
치의 깨달음을 얻은 다음에도 할 일은 똑같지만 성공할
가능성이 커진다.

이 책은 스트레치 협력의 이론과 실제를 소개한다.
1장에서는 협력이 왜 필요하고 왜 본질적으로 힘들 수밖
에 없는지 살펴본다. 2장에서는 협력, 강제, 적응, 퇴장이
필요한 때와 구분하는 방법을 알려준다. 3장에서는 전통
적인 협력의 한계와 그것이 적용되는 편협한 조건을 설
명한다. 4장은 스트레치 협력의 중요성을 5, 6, 7장은 스
트레치 협력에 따르는 세 가지 스트레치를 자세히 설명
한다. 바로 갈등과 연결 수용, 실험과 진전, 발 내디뎌보
기이다. 결론에서는 이론을 활용한 연습 프로그램을 제
시한다.

1장

더 중요해졌지만
더 어려워진 협력

> 파트너십을 형성하고 협력을 구축하는 것은
> 자연에서 나타나는 가장 오래되고 강력하고
> 기본적인 충동이다. 남과 상관없이 살아가는
> 생명체는 없다. 모든 생명체는 다른 생명체에
> 기대어 살아간다.
> —루이스 토머스(Lewis Thomas, 미국의
> 의사·시인·행정가)[1]

협력은 필수적일 때가 많지만 보통은 커다란 난관이 따른다. 절실하게 필요할수록 더 힘들어진다.

정말이지 같이 일 못 하겠네!

2015년 11월 각계각층의 국가 지도자 33명으로 이루어진 그룹의 첫 번째 워크숍을 진행했다. 나라의 가장 중대한 문제를 해결하려고 모인 사람들이었다. 불안정, 불법, 불평등이라는 매우 복합적인 문제였다. 다들 문제의 심각성을 인지하고 뭐든 해야만 한다는 의지가 강했다. 함께 머리를 맞대면 더 좋은 방법이 나오리라고 생각했다. 나에게도 중요한 프로젝트인 만큼 잘해야겠다는 의욕이 강했다.

참가자들은 정치인, 인권 운동가, 육군 장군, 기업 총수, 종교 지도자, 노동조합원, 지식인, 언론인 등으로 정말로 사회 각 분야의 여러 층에서 왔다. 뿌리 깊은 생각의 차이가 있을 수밖에 없었고 실제로 다수는 정치적으로나 개인적으로 경쟁 관계였다. 대부분 서로의 견해에 동의하지 않았고 신뢰도 없었다. 나라 안에도 그룹 안에도 의심과 방어적인 태도가 만연했다. 가장 중대한 문제를 해결하려면 힘을 합쳐야만 하는데 과연 가능할지 알 수 없었다.

워크숍은 순조롭게 진행되는 듯했다. 참가자는 다 함께 혹은 몇 명씩 무리 지어 서로의 경험과 견해를 나누었다. 식사나 산책을 하거나 호텔 밖으로 나가 주민을 만났고 저소득층 밀집 지역을 방문했다. 그들은 조심스럽게 서로에 대해 알아갔고 함께 변화를 만들어내기를 희망했다.

그러다 마지막 날 아침에 프로젝트 주최 측에서 언쟁이 벌어졌다. 주최 측에는 현지인 11명과 동료 그리고 내가 포함되어 있었는데 혼란스러운 방식, 실행 차질, 소통 와해 같은 문제로 다툼이 있었다. 일부지만 내가 일을 잘하지 못한다고 생각하는 사람들이 있었다. 그들은 다음 날 나에 대한 비판적인 이메일을 돌렸다.

팀원 하나가 그 이메일을 전달해주어 나도 알게 되었다. 사람들이 뒤에서 내 전문성에 의문을 제기한다는 사실이 불쾌하고도 속상했다. 기대하고 있던 성과와 보수에 문제가 생길까 봐 겁도 났다. 자신을 방어해야겠다는 생각이 들어서 전문가인 내가 보기에 워크숍 내용에는 아무런 문제가 없다고 설명하는 이메일을 한 통 보냈다. 두 통, 세 통까지 보냈다. 물론 실수도 좀 있었지만 지금 와서 그걸 인정하면 사태가 더 악화할 것 같았다. 어쨌든 결과적으로 내가 옳고 그들이 틀렸다고 확신했다. 그들은 악당이고 나는 억울한 누명을 뒤집어쓴 영웅이었다.

다른 팀원과도 전화 통화를 했고 하루하루가 지나갈수록 내 마음의 문도 굳게 닫혔다. 나를 탓하는 사람들은 나와 팀 전체의 노력을 배신하는 것이라는 생각밖에 안 들었다. 그래서 나도 맞서 싸우며 그들을 탓했다. 의심과 불신은 커지고 고집스럽게 내 주장만 하게 되었다. 그저 자신을 안전하게 지켜야 한다는 생각뿐이었다. 경계가 심해지고 약삭빠르게 변했다. 그들의 생각은 틀렸고 신뢰할 수 없으며 함께 문제를 해결하고 싶지도 않고 두 번 다시 같이 일하기 싫다고 결론 내렸다. 그저 그들이 내 인생에서 사라져주기를, 불쾌함이 가라앉기만을 바랐다.

적화 증후군

이 짧지만 극심한 갈등은 오래전부터 느꼈던 어려움을 실감하게 해주었다. 나에게 무척 중요한 그 프로젝트가 무사히 진행되려면 사람들과의 협력이 필수였다. 그중에는 당연히 나와 생각이 다르거나 믿음이 가지 않는 사람도 있을 터였다. 그런데 나는 그런 사람들을 적으로 여겼다. 팀의 분열로 우리가 해온 일도 위험에 처했다. 불신과 분열, 와해로 얼룩진 국가 시스템의 문제를 해결해주려고 꾸려진 팀인데 똑같은 문제를 드러냈다.

　　이 사건에서 나는 '적화(敵化·enemyfying)'라는 보편적 행동 혹은 증후군을 보았다. 적화 증후군은 상대방을 적이라고 생각하고 행동하는 현상이다. 내 문제와 고통의 원인이 상대인 것이다. 우리는 우리를 차별하는 사람들에게 상황에 따라 타인, 경쟁자, 반대자, 상대방, 적과 같은 미묘하게 다른 단어를 쓴다. 우리는 평범하거나 특이

한 맥락에서 때로는 신중하고 이따금 가볍게, 심지어 습
관적으로 이런 표현을 자주 사용한다. 적은 항상 내가 아
닌 남인 법이다. 이런 우스갯소리도 있다. "똑같이 단호
해도 나는 신념이고 당신은 아집에 빠진 것이고 그 사람
은 독선적이다." 적화도 비슷하다. "나는 관점이 다른 거
고 당신은 틀린 거고 그 사람은 적이다."

    적화는 주변에서 흔히 볼 수 있다. 매일 미디어에서
도 두드러진다. 우리는 타인을 이겨야 할 상대가 아니라
파멸시켜야 할 적으로 본다. 그 타인은 민족주의자, 범세
계주의자, 이민자, 인종차별주의자, 환경주의자, 테러리
스트, 이단, 기업 등 여러 가지 이름으로 불린다.

    2016년 미국 대선에는 적화가 넘쳐났다. 코미디언
아시프 만드비Aasif Mandvi는 도널드 트럼프Donald Trump의
선거 운동을 가리켜서 적화가 저절로 계속되는 악순환
을 만든다고 설명했다.

    트럼프는 이 나라에서 가장 무서운 인종차별과 외국인
    혐오, 공포가 지배하는 사고방식을 이용하고 다른 나라
    의 그러한 현상도 정당화한다. 기본적으로 ISIS와 트럼프
    가 하는 말은 똑같다. 두려워해야 한다. 권리 박탈을 느껴
    야 한다. 분노해야 한다. 모두 다 저 사람들 때문이다.[2]

적화, 비난, 악마화는 세계의 정치 담론에 만연하다. 이 증후군은 정치뿐 아니라 집과 일터에서도 일어난다.

나도 적화를 많이 한다. 동료, 고객, 공급 업자, 이웃, 가족 등 다른 사람들이 문제의 원인이라고 생각할 때가 많다. 이 생각이 지금 일어나는 일의 전부를 설명하지 못하고 공정하지 않으며 시간 낭비에 불과하다는 사실도 잘 안다. 나 같은 사람들이 많다는 것도 안다. 예를 들어 함께 상담을 받는 부부는 처음에 '저 사람이 문제야. 이번 기회에 자기가 바뀌어야 한다는 걸 깨달았으면 좋겠네'라고 생각한다. 적화는 유혹적이다. 나는 문제가 없고 눈앞의 문제도 내 책임이 아니라고 안심시켜주니까.

적화는 차이를 이해하고 대처하는 한 방법이다. 감당하기 어려운 복잡하고 미묘한 현실을 흑백으로 단순화해 상황을 명확하게 하고 대처할 에너지를 모아준다. 하지만 유명 저널리스트이자 비평가였던 헨리 루이 멩켄Henry Louis Mencken은 이렇게 말했다. "인간의 모든 문제에는 쉬운 해결책이 존재한다. 그 해결책은 깔끔하고 그럴듯하지만 틀렸다."[3] 적화는 흥미진진하고 만족스럽고 심지어 정의롭고 영웅적으로까지 느껴지지만 문제를 분명히 해주기는커녕 모호하게 만든다. 갈등을 증폭하고 문제 해결과 창의성의 공간을 좁힌다. 실현 불가능한 대대적인 승리를 꿈꾸느라 정신이 팔려 꼭 필요한 일은 생각하지 못하게 만든다.

협력의 최대 난제

내가 목격하고 실행하기도 한 적화는 협력에 따르는 최대 난제라고 할 수 있다. 협력은 정치에서도 집과 일터에서도 꼭 필요하지만 어렵다. 중요한 과제를 완수하려면 관점이 다른 사람들과 함께 일해야 한다. 사안이 중요하고 관점이 다를수록 협력은 더 필수적이고 더 힘들어진다.

협력의 최대 난제는 확연한 대립을 이루는 두 가지 사전적 정의에서도 분명히 드러난다. 협력Collaboration은 '함께 일하다'라는 뜻이지만 '반역적으로 적에 협조하다'라는 뜻도 있다.[4] 이처럼 이 단어는 에너지 넘치고 창의적인 팀의 관대하고 포용적인 전진 이야기("힘을 합쳐야 해!")와 제1차 세계대전 당시 프랑스처럼 퇴행적이고 비윤리적인 악행 이야기("협조하지 않으면 죽는다!")를 떠올리게 한다.

앞으로 나아가려면 생각도 다르고 호감도 신뢰도 없는 사람들과 함께 일해야 하지만 배신을 막으려면 같이 일하지 말아야 한다는 것이 바로 협력의 최대 난제다.

이 난제는 더욱더 극심해지고 있다. 자유와 개인주의, 다양성이 높아지면서 사람들의 목소리는 커지고 존중심은 줄어들었다. 소속과 정체성은 불안정하다. 첨단 기술로 기존 정치, 조직, 사회, 가정의 위계질서가 무너지고 있다. 변동성, 불확실성, 복잡성, 모호성이 커진다.

이제는 혼자서 일하거나 동료와 친구하고만 일할 수가 없게 되었다. 적이나 반대자들과 일해야 하는 경우가 늘었지만 협력은 점점 힘들어진다.

협력의 난제는 권위주의와 복종이 약해지면서 발달한다는 점에서 훌륭하다. 하지만 실패하면 분열과 양극화, 폭력성이 커진다는 점에서는 끔찍하다. 효율적으로 협력하는 방법을 반드시 찾아야 한다.

"정말이지 같이 일 못 하겠네!"라는 말이 나온다면 협력의 난제에 부딪힌 것이다. 우리가 너무도 흔하게 내뱉는 이 말은 과연 무슨 뜻일까? 그 사람과 함께 일하기 싫다거나 일할 수 없다거나 일할 필요가 없다는 뜻일 수도 있다. 그런 상황이라면 당연히 그 사람 없이 일하거나 그 사람을 반대하거나 피하거나 이기려고 할 것이다.

그런데 꼭 함께 일해야만 한다면 어떻게 해야 할까? 그 사람을 피하거나 이길 수 없으며, 꼭 필요한 기술이나 자원이 그 사람에게 있거나, 그 사람을 배제하는 것이 잘

못이라 협력할 수밖에 없다면 말이다.

협력의 최대 난제는 바로 그런 상황에서 발생한다. 상대방의 가치와 행동이 나와 달라서 틀리거나 잘못되었다고 생각되므로 답답하고 화도 난다. 같이 일해야 한다는 사실을 아는데 되도록 그러지 않아도 되기를 바란다. 내가 옳거나 중요하다고 생각하는 것을 타협하거나 저버리게 될까 봐 걱정스럽다. 같이 일해야 할 필요성을 느끼면서도 도무지 성공할 것 같지 않다. 어떻게 하면 생각도 다르고 호감도 신뢰도 없는 사람들과 성공적으로 협력할 수 있을까?

2장

협력은 유일한
선택지가 아니다

《손자병법孫子兵法》이 오늘날까지도 참고가
되는 이유는 전쟁에서 이기는 방법을
일러주기 때문이 아니다. ……
모든 갈등이 서로의 자원을 모두 고갈시키고
극심한 양극화가 초래되는 '전쟁' 수준에 이를
필요가 없음을 알려주기 때문이다.
—제임스 기미언James Gimian(《마인드풀》
　　발행인), 배리 보이스Barry Boyce(《마인드풀》
　　편집장)[1]

언제 협력해야 하는지 알아야 어떻게 협력할 것인지 알
수 있다. 협력은 문제에 접근하는 네 가지 방법 가운데
하나일 뿐이다. 협력이 항상 최선의 선택지는 아니다.

나아가는 길은 불분명하다

존과 메리 부부는 어찌해야 좋을지 알 수 없었다. 아들
밥이 또 주택 대출금을 빌려 이번에는 집을 잃을 위기에
처했다. 아들네를 생각하면 걱정이 태산 같지만 문제가

터질 때마다 도와주는 데도 지쳤다. 또 대출금을 내줘야 할까? 정신 차리라고 계속 다독여야 할까? 아니면 스스로 해결하도록 모른 척해야 할까? 함께 해결 방법을 찾아봐야 할까? 도무지 어떻게 해야 좋을지 알 수 없다.

이 사례는 힘든 상황에서의 협력이 으레 어떤 지점에서 시작되는지 보여준다. 상황이 원하는 대로 되지 않고 무엇보다 상대방이 내가 원하는 대로 하고 있지 않다. 이럴 때는 여러 선택지가 있다. 우리는 협력을 선택해야 할까?

협력이라는 기적 같은 선택지

내가 협력의 가능성에 처음 관심을 가지게 된 것은 1991년 남아프리카공화국에서 겪은 고무적인 경험의 결과였다. 당시 나는 에너지 기업 로열더치셸Royal Dutch Shell의 런던 본사에서 일하고 있었다. 세계의 정치·경제·사회 시나리오, 즉 기업의 미래 비즈니스 환경을 예측하고 대비해 시나리오를 만드는 일이었다. 그보다 한 해 전에 프레데리크 빌렘 데클레르크Frederik Willem de Klerk가 이끄는 남아프리카공화국의 백인 정부는 넬슨 만델라Nelson Mandela를 출소시키고 아파르트헤이트 정책을 끝내고 민주주의로 나아가려는 협상을 시작했다. 웨스턴케이프

대학교University of the Western Cape의 피터 르 루Pieter le Roux와
빈센트 마파이Vincent Maphai 교수는 로열더치셸의 시나리
오를 이용해 남아프리카공화국 국민이 국가의 변화에
영향을 끼치는 방법을 고려해보자는 아이디어를 냈다.
그리고 지침을 마련해달라고 나를 초청했다. 그리하여
나는 몽플뢰르시나리오프로젝트Mont Fleur Scenario Exercise
에 참여하게 되었다.[2]

　　르 루와 마파이는 로열더치셸과 달리 동료로만 이
루어진 팀과 진행하지 않았다. 프로젝트에는 정치인, 사
업가, 노동조합원, 흑인과 백인, 여당과 야당, 좌파와 우
파 등으로 나뉜 사회 전체의 리더가 참여했다. 나는 1991
년과 1992년에 걸쳐 네 번의 주말 동안 이 팀과 일했다.
그들이 서로의 극심한 차이에도 불구하고 기꺼이 그리
고 창의적으로 협력하면서 남아프리카공화국의 성공적
인 변화에 이바지하는 모습은 감탄스러웠다.

　　몽플뢰르시나리오프로젝트를 통한 경험은 내가 개
인적으로나 세상을 통해서나 알고 있었던 기준을 뒤엎
었다. 케이프타운을 처음 방문했을 때 들은 농담이 새로
운 깨달음을 잘 보여주었다. "심각한 국가적 문제에 부
딪혔을 때 우리에게는 두 가지 선택밖에 없습니다. 현실
적인 선택과 기적적인 선택이지요. 현실적인 선택은 모

두가 무릎을 꿇고 하늘에서 천사가 내려와 문제를 해결해주기를 바라는 것입니다. 기적적인 선택은 다 함께 문제를 풀어나가는 것이지요." 나는 이 농담이 무척 마음에 들어 그 후에도 여러 번 인용했다. 남아프리카공화국 사람들은 적들과의 협력을 통해 기적적인 선택을 성공적으로 실행했다.

이 프로젝트는 나에게 뜨거운 열정을 불 지폈다. 나는 새로운 깨달음을 이어가기 위해 로열더치셸에 사표를 내고 케이프타운으로 이민을 떠났다. 협력이 복잡한 문제를 해결하는 최고의 방법이라고 확신했다. 그 후 몇십 년 동안 세계 곳곳에서 대규모 협력 프로젝트를 이끌었고 협력을 지원하는 사회적 기업을 공동 설립했으며 동료들과 함께 찾은 원칙을 세 권의 책에 담았다.

하지만 협력이라는 선택권에 의문을 제기하게 만드는 경험도 있었다. 2003년 미국의 농업 운동가 할 해밀턴 Hal Hamilton과 지속가능한식량연구소Sustainable Food Lab라는 대규모 협력 프로젝트를 함께했다. 이 프로젝트는 지금도 탄탄하게 유지되고 있다. 유니레버Unilever, 월마트 Walmart, 스타벅스Starbucks 같은 대기업과 WWF, 옥스팜 Oxfam, 열대우림동맹Rainforest Alliance 같은 비정부기구, 그 밖에 농부와 연구자 그리고 정부 기관이 힘을 합쳐 지속

가능한 식량 시스템을 개발하고자 노력한다.[3]

　　해밀턴과 나는 처음 몇 달 동안 지속가능한식량연구소의 구성원을 모으기 위해 식량 시스템 분야의 여러 리더와 접촉하며 관심이 있는지 알아보았다. 대부분은 이미 추구하고 있는 지속 가능성 목표에 도움이 될 것 같다고 했다. 덕분에 2004년 중반에 다양한 구성원이 모여 프로젝트를 시작할 수 있었다.

　　하지만 구성원을 모집할 때 놀라운 주장과 맞닥뜨렸다. 프로젝트에 참여해달라는 요청을 거절한 세 조직에서 신중하게 내놓은 주장이었다. 한 국제 기업은 경쟁력을 갖추기 위해서 지속 가능성 프로젝트를 자체적으로 추진하겠다고 했다. 또 국제 노동자 단체는 관심은 있지만 다른 참여 기업들과 동등하게 일할 수 있을 때까지 힘을 키우는 것이 우선이라고 했다. 그리고 어느 정부 기관은 편견에 휘둘리지 않고 규제를 시행하려면 독자적으로 일해야 한다고 거절했다. 세 조직 모두 협력이 최선의 선택이 아닌 저마다의 이유가 있었다.

　　그런가 하면 2000년부터 2012년까지는 베네수엘라의 동료들을 도와 협력 프로젝트를 기획하는 일에 참여했다. 그들은 베네수엘라의 정치·경제·사회 부문의 난제를 해결하기 위해 다양한 이해관계자로 이루어진 프로

젝트를 조직하고 있었다. 하지만 혁명 사회주의 우고 차
베스Hugo Chavez 정부의 비협조로 도무지 진전이 없었다.

2011년에는 한 야당 국회의원에게 베네수엘라 정치
계의 비협조 수준이 실로 놀라운 정도임을 알려주는 이
야기를 들었다. "어떤 위원회에서는 정부와 야당이 단결
을 잘했습니다. 하지만 지금 정부는 우리 야당하고는 아
예 말도 하려고 하지 않아요. 내가 최근에 차베스 대통령
지지자와 대화를 나눠본 건 의회 남자 화장실에서 혼자
있을 때였습니다. 바로 옆 소변기에 서 있던 여당 의원이
속삭이더군요. '나중에 정권을 잡게 되면 우리가 친구라
는 걸 잊지 않을 거지?'라고 말입니다."

나중에야 차베스 정부가 우리 프로젝트를 거절했던
이유가 협력의 원칙이나 기회를 이해하지 못해서가 아
님을 깨닫게 되었다. 그들은 협력에 대해 설득력 있는 설
명을 들을 필요가 없었다. 그들이 거절한 이유는 그들의
전략이 협력과 정반대되는 논리를 토대로 했기 때문이
었다. 민중의 지지를 이어가려면 정적을 반역적인 자본
주의자로 악마화해야 했다. 차베스 정부의 관점에서 (다
른 국가의 정치인과 마찬가지로) 협력은 최선의 선택이
아니었다.

다른 사람들의 협력을 도와주려고 애쓰는 동안 개

인적인 문제도 겪었다. 사람들과 잘 지내기가 무척 어려웠고 슬프게도 오랫동안 사이가 소원해졌다. 다른 사업 파트너와 세 번이나 오랜 갈등을 겪었다. 세 번 모두 단순한 의견 차이가 점점 심해지고 사이가 틀어져서 바로잡을 수 없게 되었다. 혼란스럽고 당황스러웠다. 자신의 일상적인 갈등도 해결하지 못하는데 남들의 어려운 갈등을 바로잡도록 도와준다니 사기를 치는 기분이었다.

협력의 세 가지 대안

언제 협력을 선택해야 하는지 알게 된 것은 많은 시간이 흐른 뒤 태국에서였다. 2010년 8월에 방콕을 방문했다. 친정부와 반정부 사이의 정치적 갈등이 유혈 시위로까지 번진 상황을 걱정하는 시민 단체의 초청이었다. 그들은 불안과 양극화, 폭력이 통제 불가능할 정도까지 심해져 최악의 경우에는 내란이 발생하면 어쩌나 두려워했다. 시민 단체는 정치와 비즈니스, 군사, 귀족, 시민사회 등 태국 각계각층의 지도자들로 이루어진 팀을 꾸렸다. 그들은 갈등과 분열의 중심에서 서로를 탓했지만 '우리 아이들에게 어떤 태국을 물려줄 것인가?'라는 가장 중요한 문제를 두고 힘을 합치려는 의지가 있었다.

　　나는 워크숍은 물론 작은 규모의 회의를 함께하면

서 팀원들이 갈등의 해결 방안을 찾도록 도왔다. 태국의 낯선 역사와 문화, 가치관이 무척 당혹스러웠다. 하지만 태국인은 세계의 다른 나라들과 마찬가지로 사회적 역동성과도 씨름하는 중이었다. 그 팀과의 작업을 통해 역동성에 대처하는 일반적인 가르침을 얻을 수 있었다.

태국 팀은 2013년 4월부터 8월까지 자국의 문제를 파악하고자 했다. 서로의 경험과 이해를 나누고 학계 전문가와 일반인도 만났다. 그들은 몰입 과정을 통해 태국이 마주한 세 가지 난관을 파악했다. 사회·문화적 갈등, 경제·환경적 압박, 정치·제도적 제약이었다. 난관의 해결을 위해 무엇을 하느냐가 아닌 어떻게 하느냐에 태국의 미래가 달려있다고 모두 동의했다.

팀원들은 국가의 난관에 대처하는 태국인의 기본적 태도 세 가지를 발견했다. 적응We Adapt, 강제We Force, 협력We Collaborate이라고 이름 붙였다.

'적응'은 태국인이 자신과 가족, 조직을 돌보고 더 큰 사회적 문제는 다른 사람들, 특히 정부와 엘리트 계급에 맡기는 것이다. 대부분의 개인과 조직에 익숙한 태도였다.

'강제'는 많은 사람이 정치적 운동에 참여해 상의하달上意下達식의 해결 방안을 밀어붙이는 것이다. 이기기 위한 싸움이었다. 태국인은 과거에 이런 태도를 보였고 가장 최근인 2008~2010년에 계속된 시위로 정치적 불안이 일어났을 때도 마찬가지였다.

'협력'은 파벌과 집단을 벗어난 상향식 해결책을 찾는 것이다. 태국에 가장 선례가 적은 접근법이었다.

태국 팀은 가장 익숙하고 지배적인 '적응'과 '강제'로는 복잡한 문제를 해결할 수 없다는 가장 큰 결론에 도달했다. 문제가 너무 복합적이고 사회가 지나치게 분열되어 있어서 특정 전문가나 권위자의 지시로는 성공적인 해결책이 나올 수 없었다. 낯설지만 포괄적인 협력의 자세로만 문제를 해결할 수 있으리라 보았다. 팀원들은 문제 해결 능력을 키우기 위한 사회 운동을 계획했다. '우리는 협력할 수 있다Collaborate We Can'라는 운동이었다. 협력에 대한 나의 오랜 믿음에 부합하는 무척 만족스러운 결론이었다.

2013년 11월에 보고서 작성을 완료하기 위해 다시 태국을 찾았다. 하지만 우리가 품었던 가능성은 텔레비전에서 보도되는 태국의 현실에 가려지고 말았다. 태국 정부가 정치범 사면법을 발포하자 부패한 법이라며 대규모 시위가 열렸다. 반정부 시위대는 정부 기관 건물을 점령하고 총리의 퇴진과 정치 개혁을 요구했다. 친정부

와 반정부 시위대가 서로 비합리적이고 사악한 반역자
라고 주장하는 적화가 심해졌다. 팀원들이 가장 염려했
던 내란이 정말로 현실화할 수도 있는 위험에 처했다.

　나는 협력 시나리오가 무산되어 불안하고 실망스러
웠다. 게다가 놀랍게도 다수의 태국인 동료가 협력은 항
복을 뜻한다며 태도를 '강제'의 태도로 바꿔 친정부 혹은
반정부 세력을 지원하기 시작했다.

　2014년 초반 태국의 의회, 법정, 거리에서는 몇 달
동안 갈등이 계속되었다. 반정부 시위대가 방콕 중심부
와 정부 청사를 점령하고 새 총리를 선출하는 선거를 막
았다. 정부는 비상사태를 선포하고 점령된 장소를 폐쇄
했다. 양측은 갈등 해결을 위한 대화를 시도했지만 실패
로 돌아갔다. 2014년 5월에 군대가 '강제'의 태도를 실행
했다. 쿠데타를 일으키고 군사 정부를 수립하고 계엄령
을 내리고 언론을 검열하고 정치인과 운동가를 잡아들
였다. 그중에는 우리 팀원도 있었다.

　그 수개월 동안 태국에서는 세 가지 선택지가 전부
활용되었다. 하지만 국가적 위기가 커질수록 '적응'과 '협
력'을 버리고 '강제'를 선택하는 사람이 늘어났다. 그들
은 상대편 혹은 적과의 협력을 용납할 수 없다고 여겼다.
협력을 최선의 선택으로 보지 않았다.

다음 몇 달 동안 태국에서 일어난 사건과 의미에 대해 태국 동료들과 많은 이야기를 나누었다. 팀원들과 생각을 주고받을수록 값진 깨달음이 생겼다. 태국인뿐만 아니라 누구라도 문제 상황에 부딪혔을 때 주어지는 전형적인 선택지의 틀을 알게 되었다.

협력은 선택이 되어야 한다

내가 태국에서 얻은 깨달음은 이렇다. 우리가 정치에서든 집이든 일터에서든 문제 상황에 부딪혔을 때 네 가지 대응 방식이 있을 수 있다. 그것은 바로 협력, 강제, 적응, 퇴장이다. (태국 팀은 변화를 일으키는 방법을 꼭 찾아야만 하는 처지여서 퇴장은 거론되지 않았다.) 네 가지 선택지가 항상 가능한 것은 아니다. 예를 들어 강제 수단이 존재하지 않을 수도 있다. 하지만 항상 이 중에서 선택해야 한다.

협력이 가장 최선이고 올바른 디폴트 선택지라고 생각하는 사람이 많을 것이다. 문제의 당사자가 서로 이어져 있고 상호 의존적이므로 힘을 합쳐야 한다고 말이다. 내가 몽플뢰르시나리오프로젝트에서 얻은 가르침도 마찬가지였지만 항상 사실은 아니다. 상대가 누구든 협력은 항상 가능한 것이 아니며 절대적으로 불가능할 때

문제 상황에 대처하는 네 가지 방법

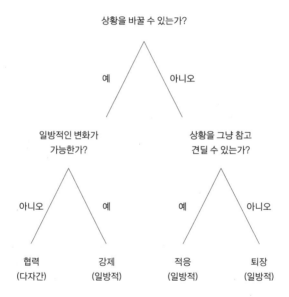

도 있다. 따라서 협력은 항상 옳지도 항상 틀리지도 않는다. 실제로는 상황에 따라 협력 여부를 결정해야 한다. 우리는 이성적이거나 본능적이거나 습관적으로 결정할 수 있지만 선택지에 따른 기회와 위험을 분명히 알아야만 한다.

우리는 상황을 바꾸고 싶고 타인과 함께 일해야만 한다고 판단할 때 협력을 시도한다(다자간多者間). 혼자서는 방법을 알지 못하고 알아도 실행할 수 없기 때문이다. 원하지 않더라도 협력해야만 한다.

협력은 동료와 친구뿐만 아니라 적과 반대자 등 타인과 함께 일하면서 효과적인 방법을 찾고 거대한 영향력을 잇는 기회를 제공한다. 하지만 협력은 만병통치약이 아니다. 성과가 너무 적거나 느려서 많은 것을 타협하고 가장 중요한 것을 저버릴 위험이 있다. 1990년대 초에 남아프리카공화국은 민주주의 건설을 위한 몽플뢰르 시나리오프로젝트에서 협력을 선택했다. 그들은 최선의 선택을 했다고 생각했다. 하지만 협력 때문에 타협해야만 했던 것들에 대해서는 지금까지도 논란이 있다.

우리는 타인과 함께하지 않고도 필요한 변화를 이룰 수 있다고 생각할 때 강제를 사용한다(일방적). 자신이나 동료와 친구들이 가장 좋은 방법을 알고 있다고 여겨 남들에게 강요하려고 한다. 강제는 평화적으로나 폭력적으로, 회유나 타도를 통해서 등 여러 방법으로 가능하다. 이념과 기술, 후원자, 투표, 권위, 돈, 무기를 이용하기도 한다.

강제의 장점은 자연스럽고 습관적인 대다수의 사고방식과 부합한다는 것이다. 강제야말로 거의 모든 상황에서 변화를 위한 가장 좋은, 어쩌면 유일하게 사실적인 방법이라는 생각이 자리한다. 이에 따르면 공정한 대의를 위한 강제는 옳으며 활용하지 않는 것은 잘못되고 비겁한 일이다. 하지만 강제의 단점은 이쪽에서 밀어붙이면 상대방도 밀어붙이므로 절대로 원하는 결과에 도달할 수 없다는 것이다. 2014년에 태국에서는 친정부와 반정부 세력이 각자의 목표를 몰아붙였고 군대까지 나섰다. 심해지는 폭력을 막았다고 군사 행동에 찬성하는 사람들이 많았지만 국가의 문제 해결 과정이 정체되었다.

우리는 상황을 바꿀 수 없어서 그냥 받아들여야 할 때 적응을 시도한다. 적응에는 지능과 독창성, 용기가 많이 필요할 수도 있지만 제한적인 영역에서만 발휘된다. 일정 영역 바깥에서 일어나는 일에는 영향을 끼칠 수가 없다고 생각한다. 게임의 법칙을 바꿀 수 없는데 참여하지 않으면 안 된다. 그래서 가능한 최선을 다하는 데만 집중할 뿐 주변 상황은 무시하거나 회피하거나 받아들이려고 한다.

적응의 장점은 바꿀 수 없는 일을 바꾸려 에너지를 소진하지 않고도 살아갈 수 있다는 것이다. 적응은 효과적일 때도 있지만 효과적이지 않더라도 최선책이다. 단점은 너무도 끔찍해서 적응할 수도 없고 생존마저도 힘겨운 상황에 부닥칠 수도 있다는 것이다. 지속가능한식량연구소에 참가하지 않은 세 조직은 협력을 통한 변화보다 기존 시스템 안에서 목표를 더 효과적으로 이룰 수 있다고 생각했다.

우리는 상황을 바꿀 수도 없고 더 견디고 싶지도 않을 때 퇴장을 활용한다. 퇴장은 중단, 이혼, 손 떼기 등으로 가능하다. 쉽고 간단할 때도 있지만 중요한 많은 것을 포기해야만 할 때도 있다. 위기에 처한 베네수엘라에서는 100만 명이 체념하고 이민을 떠났다.

네 가지 선택지에 대해 자세히 알고 나니 내가 사업 파트너와 갈등할 때 보인 행동이 이해되었다. 우선 나는 적응을 시도했다. 파트너에게 맞추려고 애쓰면서 내가 원하는 방식을 찾으려고 했다. 관계가 원활하기를 바랐다. 그 방법이 통하지 않자 협력으로 상황을 바꿔보려고 했지만 불가능했다. 상처 입거나 체면을 구길까 봐 두려

워서 갈등을 피하고 최대한 예의를 차리면서 상황을 통
제하려고 했다. 좀처럼 의견 차이를 좁힐 수가 없었고 갈
등 자체가 불편해져 서로 의견이 다르니 협력할 수 없다
고 생각하게 되었다. 결국에는 강제를 활용했다. 파트너
가 원하지 않는데도 내가 원하는 방법을 밀고 나갔다. 내
가 이겨서 상대방이 물러나야만 했을 때도 있었고 내가
퇴장한 적도 있었다.

　　우리가 네 가지 선택지 중에서 내리는 선택은 실용
적인 힘의 관점으로 바라볼 수 있다. 우리는 목표를 달성
하는 가장 좋은 방법일 때만 협력을 선택한다. 좀 더 구
체적으로 일방적인 적응과 퇴장을 받아들일 수 없고 일
방적인 강제가 불가능할 때 협력이라는 다자간 선택지
를 택한다. 다시 말하자면 우리는 상대가 자신보다 강하
면 적응이나 퇴장을 선택하므로 상대가 강제를 시도할
수 있게 된다. 서로 힘이 동등해서 어느 쪽도 강제를 선
택하지 못할 때만 협력한다.

　　물론 협력은 혼자서만 선택할 수 없다. 양측이 서로
원하고 필요한 것에 관한 생각이 일치해야 협력을 시작
하기가 쉬워진다. 하지만 나는 협력하고 싶은데 상대는
원하지 않을 때가 대부분이다. (그 반대일 수도 있다.)
상대는 퇴장이나 적응 혹은 강제가 협력보다 나은 선택

지라고 생각한다. 우리는 상대가 일방적 선택의 실행 가
능성에 절망과 의심이 들어서 협력에 관심 갖기를 기다
릴 수 있다. 아니면 직접 나서서 일방적인 선택의 실행
가능성에 대한 절망과 의심이 커지도록 만들 수도 있다.
이를테면 그에 대항하는 우리의 의지와 능력을 보여주
어서 말이다. 제삼자를 개입시켜 안전을 보장하는 방법
등으로 협력에 대한 상대방의 기대와 호기심, 희망을 끌
어올리는 방법도 있다.

  마지막으로 우리는 자신이 놓인 상황의 특징 때문
이 아니라 일반적인 선호 때문에 협력을 선택하기도 한
다. 정치, 사회, 문화, 심리, 영적 이유에서 협력과 단결을
선호할 수도 있다.

  협력은 유일한 선택지가 아니다. 어떤 상황이든 협
력, 강제, 적응, 퇴장 가운데 무엇을 선택해야 하는지 분
명하게 생각해봐야 한다. 어떤 이유나 직감, 선호에 따라
협력을 선택한다고 해보자. 다음 질문은 이렇다. 어떻게
하면 협력이 성공할 수 있을까?

3장

기존의 **억압**적인
협력은 쓸모없다

새로운 생각 자체를 받아들이는 것은 어렵지 않다. 우리의 머릿속 구석구석으로 뻗어나간 기존의 생각에서 벗어나기가 어렵다.

—존 메이너드 케인스John Maynard Keynes(영국의 경제학자)[1]

사람들은 대부분 협력을 통제하려고 한다. 하지만 복잡하고 논쟁적인 맥락에서 그런 방식은 성공할 수가 없다.

억압은 움직임을 막는다

존과 메리는 아들 밥의 경제 상황을 어찌할 것인지 상의한다. 부부는 아들을 도와주고 싶고 예전의 경험으로 아들에게 무언가를 강요할 수 없다는 것도 알고 있다. 부부 싸움이나 아들과 다툼도 원하지 않는다. 따라서 그들은 함께 해결책을 찾아야 한다.

존은 직접적인 접근법을 선택한다. 오랫동안 속을 썩여온 아들이 이번에야말로 정신 차려야 한다고 생각한다. 메리는 아들이 사업 때문에 형편이 어려우니 손주들이 고생하지 않도록 금전적으로 도와주어야 한다고 생각하지만 남편의 의견을 따를 마음도 있다. 부부는 단기적인 협상을 하기로 동의한다. 밀린 대출금을 대신 갚아주되 이번이 마지막이라고 확실히 못 박기로 한다. 점심 식사 자리에서 아들 밥이 아버지 존에게 상황을 설명한다. 존은 아들을 도와주기로 한 결정을 전달한다. 존은 방어적인 태도를 보이면서도 제안을 고맙게 받아들이고 앞으로 돈 관리를 더 잘하겠다고 약속한다.

집으로 돌아간 밥은 아내 제인에게 부모님이 도와주는 것은 고맙지만 어린아이 취급을 하는 것 같아서 화가 난다고 말한다. 밥은 어떻게 변해야 하는지 알지 못하고 금전 문제도 계속 생긴다. 존과 메리는 이용당했다는 기분에 실망한다. 네 사람 모두 서로를 멀리한다. 함께 보내는 시간이 줄어들고 관계는 점점 소원해진다. 문제에 아무런 진전도 없다. 오히려 예전보다 절망과 분노가 심해졌다.

변화 관리에는 통제가 따른다

내가 근무했던 첫 직장과 초기에 컨설팅했던 조직은 모두 규모가 큰 기업이나 정부 기관, 연구소였다. 그래서 큰 조직의 일반적인 업무 처리 방식에 익숙해졌다.

수전 존스Susan Jones가 CEO로 있는 대형 병원은 사회, 경제, 기술 환경의 변화로 방향을 잃어 임상과 재무상의 결과가 계속 좋지 못하다. 그녀는 병원의 운영 방식을 바꾸는 종합 프로젝트를 추진하기로 하고 이사회의 승인을 받는다. 변화를 이루려면 의사, 간호사, 연구원, 기술자, 행정가 등 많은 전문가가 필요하므로 일방적인 지시나 강요가 통하지 않으리라는 것도 알고 있다. 그래서 그녀는 협력 방식으로 프로젝트를 진행하려고 한다.

존스는 병원 모든 부서의 최고 관리자 20명으로 이루어진 팀을 꾸린다. 변화 계획을 세우고 팀원의 화합을 위해 병원이 아닌 다른 장소에서 워크숍도 개최한다. 병원의 문제를 진단하고 해결책을 처방하고 보고서를 제출할 전문 컨설턴트도 고용한다. 그녀는 워크숍을 통해 관리자들이 각 부서의 이익을 제쳐두고 환자와 병원을 위한 최선책을 마련하도록 한다.

워크숍이 끝날 무렵 팀원들은 컨설턴트들이 권유한 해결책을 실행하기로 하는 계획에 동의한다. 각 부서가 변화를 위해 실행할 구체적인 과제가 예산에 맞춰 제때 이루어지도록 보상과 제재도 포함되었다. 존스와 팀원들은 중대하고도 복잡한 임무를 완수했다는 사실에 만족한다.

존스는 병원의 모든 직원에게 변화 계획의 실행을 알리는 이메일을 보낸다. 하지만 대부분 냉소적이고 방어적인 태도를 보인다. 성공에 회의적이다. 업무 표준을 타협해야 할까 봐, 직장 만족도와 안정성이 떨어질까 봐 걱정스럽다. 직원들은 존스와 관리자, 컨설턴트, 다른 부서 사람들을 탓한다. 소셜 미디어에서 공중보건 관계자와 환자도 우려를 표시한다.

계획이 실행되고 나서 관리자들은 예상하지 못한 복잡함과 지연, 저항, 과부하와 직면했다. 행동을 더욱더 강력하게 밀어붙였지만 그럴수록 진퇴양난에 빠졌다. 게다가 임상과 재정 상황도 더 나빠졌다. 마침내 이사회는 변화 프로젝트의 실패를 발표하고 중단했다. 비난이 빗발쳤다.

수전 존스는 협력을 통해 변화를 추구하는 과정에서 세 가지 흔한 실수를 저질렀다.

첫째, 존스는 프로젝트에 관한 대화의 초점을 병원 전체의 대의와 이익에만 맞추었다. 현재 상황과 필요한 변화에 관한 생각이 부서와 개인에 따라 크게 다르고 변화의 결과로 승자와 패자가 발생하게 된다는 사실을 간과했다. 또한 그녀는 '전체의 대의'에 관해 전체와 개인의 이익이 똑같은 경우는 자신뿐이며(성과금과 일자리) 다른 사람들의 이익은 부서와 직급에 무슨 일이 생기는지에 좌우된다는 불편한 사실도 간과했다. 단 하나의 전체를 위하는 것은 불가능했다. 관리해야 할 전체가 여러 개였다. 그 사실을 고려하지 않았기에 너무 단순하고 기만적으로 보일 수밖에 없었다.

둘째, 존스와 컨설턴트들은 문제와 해결책, 계획을 단 하나로 진술하는 실수를 저질렀다. 관점과 제안이 너무 많아 병원의 상황이 복잡하다 보니 실질적이고 진실한 합의에 이르는 것은 불가능했다. 경영진은 효과적인 방법에 대한 합의에 이르기도 어려웠을 뿐만 아니라 시도해보기 전에는 무엇이 효과적인지도 알 수 없었다. 의견은 많지만 실제로 아는 사람은 없었다. 기존의 고정된 선택지 가운데 선택하지 않고, 새로운 선택지를 함께 만들어가는 과정이야말로 변화에 꼭 필요한 일이다.

셋째, 존스와 관리자, 컨설턴트들이 변화를 위해 자신들이 해야 할 일이라고 생각한 것에 주목해보자. 그들은 변화 관리를 다른 사람, 즉 부하 직원과 공급 업자 그

리고 환자의 가치와 생각과 행동을 바꾸는 일이라고 보
았다. 윗사람이 아랫사람을 바꿔야 한다는 이 근본적으
로 위계적인 가정은 사람들을 방어적으로 만든다. 사람
들은 변화를 싫어하는 것이 아니라 변화를 당하는 것을
싫어한다. 변화를 위해서는 모두가 배움과 변화에 열려
있어야 한다.

정답은 하나뿐

내가 지금까지 받은 모든 교육은 전문 해결사가 되기 위
한 것이었다. 1979년에 고향 몬트리올에 있는 맥길대학
교McGill University에서 물리학 학사 과정을 시작했다. 똑똑
한 과목을 전공한다는 자부심을 느꼈다. 저녁마다 수학
문제의 해결책을 찾아보는 시간이 즐거웠다. 교과서에
나오는 문제를 미리 모두 풀었기에 시험에서도 만점을
받았다.

　　1981년 여름, 핵전쟁 같은 거대한 문제를 우려하는
과학자들의 국제 학회에 참가했다. 인공위성이 아니라
비행기를 이용해 무기 협정 준수 여부를 감시하자는 논
리적이지만 순진한 주장이 담긴 논문도 썼다. 스승 중 한
분은 한 번도 들어본 적 없는 표현으로 내 논문을 비평했
다. "가장 좋은 것이 좋은 것의 적이 되게 하지 마라." 정

답이 하나가 아니라는 개념은 나를 놀라게 했다.

학회에서 에너지 생산이 환경에 끼치는 문제를 다루는 프레젠테이션을 참관한 후 중대한 공공 사안에 관심이 커졌다. 그래서 1982년에 캘리포니아대학교 버클리캠퍼스University of California, Berkeley에서 에너지와 환경경제학 석사 과정을 시작했다. 복잡한 정책 사안을 합리적으로 평가하는 방법을 배웠다. 내 석사 논문은 당질 원료 알코올로 가솔린을 대체하려는 브라질 정부의 정책이 비경제적이라는 사실을 입증했다. 미국과 프랑스, 오스트리아, 일본에 연구원으로 파견되었다. 주어진 임무는 항상 똑같았다. 복잡한 사안에 대한 최적의 정책 반응을 찾는 일이었다.

1986년에 석사 과정을 마치고 샌프란시스코에 있는 퍼시픽가스앤드일렉트릭컴퍼니Pacific Gas & Electric Company의 기업 계획 코디네이터로 취직했다. 한마디로 임원들이 제기하는 사업상의 질문에 대해 빠르고 간단명료한 답을 찾는 일이었다. 한번은 임원 위원회의 전략 계획 워크숍에 참가했다가 나와 동료들이 준비한 분석뿐만 아니라 습관과 정치, 놀이에 근거해 의사 결정이 이루어지는 것을 보고 큰 충격을 받았다.

스물일곱 되던 1988년에 로열더치셸의 글로벌 계획

부서에 취직했다. 당시 내가 가장 많이 받은 피드백은 똑똑하지만 오만하다는 것이었다. 원래 똑똑하면 오만하기 쉬운 법이기는 하다. 함께 일하는 사람들에 대한 평판도 비슷했으므로 금방 적응할 수 있으리라고 생각했다.

로열더치셸의 계획 부서는 조직 내부에서는 물론 외부의 싱크 탱크에서 스카우트된 똑똑한 사람들로 가득했다. 임원들이 세상의 변화에 주의를 기울여 새로운 사업 기회와 위험 요소를 감지하게 하는 것이 우리 부서의 임무였다. 우리는 수개월 동안 전 세계 사람들을 관찰하고 대화를 나누고 내부 회의를 거쳐 내용과 의미를 분석해 미래 시나리오를 만들었다. 내 사무실 창문에서 영국 국회의사당이 내다보였는데 우리가 국회의원들처럼 활발하고 합리적인 토론으로 최고의 답을 찾고 있다는 생각에 젖기도 했다.

로열더치셸에 입사할 때쯤에는 복잡한 문제를 해결하는 방법을 잘 안다고 자부했다. 내가 배우고 체화한 모델은 세 단계로 이루어졌다. 첫째, 똑똑한 사람들은 문제와 해결책에 대해 충분히 생각해보고 해결책을 어떻게 실행할지 계획을 세운다. 둘째, 권한을 가진 사람들에게 계획을 승인받는다. 셋째, 윗사람이 아랫사람에게 실행을 지시한다. 지극히 명백하고 합리적으로 느껴졌다. 내

상사 키스 반 데어 헤이덴Kees van der Heijden은 이 모델이
모든 전통적인 전략 계획의 토대를 이룬다고 설명했다.

> 이 모델은 생각과 행동을 따로 성문화하는 합리주의에
> 속한다. 최선의 해결책이 단 하나뿐이고 제한된 자원 안
> 에서 최대한 그 해결책에 가까워지는 것이 전략가의 임
> 무라는 암묵적인 가정이 깔려 있다. 앞으로 나아가는 가
> 장 나은 방법을 결정한 뒤에 전략 실행 문제는 따로 처리
> 한다.[2]

전통적인 협력의 한계

몽플뢰르시나리오프로젝트 이후 로열더치셸에 사표를
내고 복합적인 공공 사안을 협력으로 해결하는 일에 뛰
어들었다. 세계의 정부와 기업, 비영리단체 등 함께 일해
본 모두가 내가 배운 전통적이고 합리적이며 선형적이
고 계층적인 3단계 모델을 절대적으로 활용하고 있었다.

그 모델을 협력에 성공적으로 활용해보려고 했지만
실패했다. 내 경험에 따르면 사람들은 복잡한 문제를 함
께 해결하려고 할 때 그러면 안 된다는 것을 알면서도 세
단계를 따르지 않는다. 새로운 관계, 통찰, 헌신, 계획, 역
량 등 유용한 결과가 나올 때도 많지만 그것이 서로 합의

된 계획을 실행한 결과인 경우는 드물다. 성과가 나올 때도 있고 의도와 비슷한 결과에 이를 때도 있으며 급격한 변화가 일어나기도 한다. 협력이 짧게 유지되거나 수년간 이어지기도 한다. 서로 의견이 일치하거나 맞는 상태에서 혹은 극심한 논쟁이 벌어지는 상태에서 일을 진전시키기도 한다. 현실적으로 사람들은 처음부터 계획을 세워놓지 않는다.

오랫동안 나는 당사자들이 세 단계를 확실하고도 정연하게 따르고 계획과 통제에 더 큰 노력을 쏟는다면 협력의 예측 불가능성을 해결할 수 있다고 생각했다. 하지만 결국 내가 정상이라고 생각해온 모델이 복잡하고 대립적인 상황에는 통하지 않으며 통할 수도 없음을 깨달았다.

나중에 물리학 문제를 다루는 방식을 정책과 전략을 다루는 방식으로 바꾸면서 내가 흔한 실수를 했다는 사실도 깨달았다. 1973년에 디자인 이론가 호르스트 리텔Horst Rittel과 멜빈 웨버Melvin Webber는 이렇게 적었다.

대립적인 사회 정책 문제에서 과학적인 토대를 찾으려는 시도는 실패할 수밖에 없다. 문제의 본질 때문이다. 그것들은 '사악한' 문제인 반면 과학은 '길들여진' 문제를 다루기 위해 발달했다. 정책 문제는 확실하게 기술될 수 없다. 게다가 다원적인 사회에 반론의 여지가 없는 공익이란 존재하지 않는다. 자기자본의 객관적인 정의도 존재하지 않는다. 사회 문제에 대응하는 정책은 정확할 수도 틀릴 수도 없다. 사회 문제의 '최적의 해결책'을 논의한다는 것은 이치에 맞지 않는 일이다. 확정적이고 객관적인 답의 측면에서 '해결책'은 존재하지 않는다.[3]

그동안 사용해온 전통적인 문제 해결 모델에 의문을 던지기 시작하자 그것이 내가 추진하려는 협력에 부적합하다는 사실을 깨달았다.

협력의 어려움은 정답이 하나밖에 없다는 가정에서 출발한다. 정답을 안다고 확신하면 타인의 답을 고려할 여지가 줄어들어 함께 일하기가 훨씬 어려워진다. 2010년 태국을 처음 방문했을 때 그 사례를 생생하게 보았다. 태국 각계각층의 지도자 30명이 사흘 동안 연속으로 회의를 여는 자리가 마련되었다. 몇 달 전 방콕에서는 친정부와 반정부 세력의 과격한 충돌이 있었다. 지도자들이 모인 자리에서는 어떤 일이 왜 벌어졌고 누구 탓인지 서로 너무도 다른 이야기가 나왔다. 전혀 일관성 없는 이야기라서 무척 혼란스러웠다. 하지만 그때의 일을 다시 떠

올려보니 모든 이야기를 관통하는 실 가닥이 하나 있었
다. 바로 한 사람도 빠짐없이 이렇게 말하고 있었다. "이
상황의 진실은 ……다."

복잡하고 논쟁적인 상황에서 이루어지는 협력의 출
발점은 보통 그렇다. 서로 자기가 진실을 안다고 확신한
다. 나는 맞고 남은 틀리다. 나는 무고하고 남은 유죄다.
따라서 상대가 내 말에 찬성하면 문제가 해결된다. 퍼시
픽가스앤드일렉트릭컴퍼니와 태국 사회 같은 조직에서
그런 확신은 위험하다. '나는 맞고 너는 틀리다'라는 믿
음은 '나는 당연히 우월하고 너는 열등하다'로 변하기 쉽
다. 이 믿음은 건설적인 협력이 아니라 퇴행적인 강요로
이어진다.

사람은 자아의식을 지키기 위해 자신이 반드시 옳
아야만 한다는 것에 집착한다. 2009년 코펜하겐에서 열
린 국제 기후 변화 협상에 참여했을 때 베를린의 연구자
아냐 쾨네Anja Koehne와 짧은 대화를 나누었다. 그녀가 다
른 국가에 대한 독일의 태도를 비판하면서 사용한 표현
은 화살처럼 내 가슴을 관통했다. 바로 "존재 자체만으로
우월감을 느낀다"라는 표현이었다. 나는 우월함이 정체
성의 중요한 부분이라고 생각해서 논쟁에서 이기는 것
에 집착하고 있었다. 만약 내가 틀리면 정체성의 중요한

부분을 잃게 될까 봐 두려웠다. 어떤 일만 실패하는 것이
아니라 나 자체가 실패작이 된다고 생각했다. 성공을 확
인하기 전까지는 올바른 답에 대한 집착을 내려놓지 못
했다.

복잡하고 논쟁적인 상황에서 협력은 당사자들이 해
결책은 물론이고 문제가 무엇인지조차 합의하지 못하는
상태로 출발한다..지금 어떤 상황이고 누가 무엇을 왜 해
야 하는지에 대해 저마다 생각이 다르다. 협력하는 당사
자가 코끼리를 만지는 장님이라고 생각하면 어떤 상황
인지 이해하기가 쉽다. 장님 코끼리 만지기 우화에서 장
님은 코끼리의 다리를 만져보고 기둥 같다고 하고 꼬리
를 만져보고 밧줄 같다고 하고 몸통을 만져보고 벽 같다
고 한다. 이 우화는 놓인 상황과 관심사에 따라 협력자들
의 관점이 다르기에 저마다의 관점을 드러낸다면 전체
적인 그림이 그려질 수 있음을 알려준다. 하지만 모두가
동의하는 전체 상황 모델을 만들기는 불가능한 경우가
많다. 미래학자 돈 마이클Don Michael은 다음과 같이 지적
한다.

오늘날 아무리 진보한 사람이라도 코끼리의 한 부분 이
상을 알지 못한다. 부분이 너무 많고 너무 빨리 바뀌며

서로 밀접하게 연결되어 그것들을 전부 합치는 기술이 있더라도 전체를 이해할 수 없을 것이다.[4]

따라서 여러 다른 진실을 합쳐서 하나의 커다란 진실을 만들려고 하면 안 된다. 정치 철학자 아이제이아 베를린Isaiah Berlin은 단 하나의 이해와 가치를 합의하고 실행하는 것은 불가능할 뿐만 아니라 위험하다고까지 말했다.

인간의 모든 문제에는 해결책이 있고 필요한 일을 하기만 한다면 이상적인 사회에 도달할 수 있다고 확신한다면, 그런 천국의 문을 열기 위해서는 어떤 희생을 치러도 된다고 믿을 것이다. 이 믿음은 개인적이든 사회적이든 삶에서 가장 중요한 질문에는 정답이 하나뿐이라는 생각을 토대로 한다. 틀린 생각이다. 사회사상의 여러 학파에서 제시하는 해결책도 저마다 다르고 그보다 더 심오한 이유에서 어떤 해결책도 합리적인 방식으로 입증될 수 없다. 지금까지 다양한 지역과 시대에 따라 인간이 지켜온 핵심 가치는 전적으로 보편적이 아니며 항상 조화를 이루지도 않는다.

따져보고 협상하고 타협해서 삶의 한 가지 형태가 다른

형태에 으스러지지 않도록 막아야 한다. 이상주의적이고 열정적인 젊은이들은 도통 끌리지 않을 것이다. 너무 순종적이고 합리적이고 부르주아적인 생각인 데다 위험 천만한 감정도 개입되지 않으니까. 하지만 인류를 위한 단 하나의 진실이라는 이유로 유일한 이상을 추구하려고 하면 기필코 강제로 이어진다. 그다음에는 피와 파괴를 초래한다.[5]

따라서 다양한 사람들과 협력할 때는 하나의 진실이나 정답, 해결책을 합의할 수도 없고 그래서도 안 된다. 그런 합의가 없는 상태에서 함께 나아가는 방법을 찾아야 한다. 일터에서뿐만 아니라 가정에서도 마찬가지다. 부부 치료 분야의 권위자 존 고트맨John Gottman이 시행한 연구에 대해 고트맨연구소The Gottman Institute의 최고 마케팅책임자CMO 마이클 풀와일러Michael Fulwiler는 이렇게 적었다.

관계 갈등의 69%는 영구적인 문제다. 모든 부부에게 있는 갈등은 두 사람이 직면하는 근본적인 차이에 근거한다. 1) 근본적인 성격 차이로 일어나는 반복적인 갈등 2) 생활 방식에 관한 니즈의 근본적인 차이다. 우리 연구에서는 영구적인 문제를 해결하는 것보다 부부가 문제에 관한 대화를 나눌 수 있는가가 중요하다는 결론에 이르렀다. 그런 대화가 불가능하면 갈등이 교착상태에 이르고 결국 정서적 유리遊離로 이어진다.[6]

내가 초기에 배운 전통적인 협력 방식은 용도가 제한적이다. 모든 사람의 의견이 일치하고 행동이 의도된 결과로 이어지는 단순하고 통제된 상황에서만 통한다. 하지만 가정, 조직, 지역, 국가 등 사회 시스템 대부분에서는 복잡성이 점점 커지고 통제는 줄어들어 그런 상황을 자주 찾아볼 수 없다.

따라서 전통적인 협력은 이제 쓸모없어졌다. 다루는 상황이 단순하고 통제 가능하다고 가정하여 전통적인 협력을 할 수 있다고 잘못 판단하면 곤경에 처한다. 익숙하고 편안하다는 이유로, 통하겠지라는 추측으로 복잡한 상황에서 전통적인 협력을 활용한다. 하지만 성공할 리가 없다. 적화만 심해져서 한층 해결하기 어려운 상황으로 번진다. 그러면 초조해져서 효과 없는 전통적인 협력에 박차를 가한다. "곤경에 빠지는 이유는 몰라서가 아니라, 안다고 확신했던 것이 사실이 아니기 때문이다"라는 말도 있지 않은가. 전통적인 협력은 단순하고

통제 가능한 상황에서만 효과가 있다. 다른 상황에서는
스트레치 협력이 필요하다.

4장

전통적이지 않은
스트레치 협력이 필수다

해변이 오랫동안 보이지 않아도 괜찮다는
합의가 없으면 새로운 땅을 발견하지 못한다.
—앙드레 지드André Gide(프랑스의 작가)[1]

대부분의 사람은 스트레치 협력을 낯설고 불편해한다.

스트레치는 유연함과 불편함을 만든다
존과 메리는 주택 대출금을 또 연체한 아들 밥 때문에
고민하고 있다. 이번에 그들은 전통적인 협력이 아니라
스트레치 협력을 시도한다.

　　세 사람은 한 가족으로서 따뜻한 유대감을 느끼지
만 상황에 대한 경험과 관점, 니즈가 다르다는 사실을 인정한다. 그들은 그 차이에 대해 솔직하고도 격렬한 대화를 나눈다. 존은 계속 문제를 일으키는 아들 때문에 화가 나고 무력함을 느낀다고 말한다. 메리는 손주들이 걱정되고 부부의 은퇴 계획이 엉망이 될까 봐 걱정된다고 말한다. 밥은 힘들어진 사업에 온 힘을 쏟고 있는 마당에 부모가 비난만 하지 않고 자신을 지지해주었으면 좋겠다고 말한다.

세 사람은 문제나 해결책에 관한 생각이 서로 다르다는 사실을 깨닫는다. 끝까지 합의에 이를 수 없고 실제로 모를 수도 있다. 하지만 도움이 될 만한 너무 과격하지 않은 새로운 방법을 시도해볼 마음은 있다. 존은 아들의 사업체를 위해 은행 대출을 받아주겠다고 약속하고 메리는 며느리 제인의 취직을 도와주기로 한다. 그들은 아들 부부와 상황에 관한 대화를 나눈다. 존과 메리는 토요일마다 손주들과 시간을 보낸다. 모든 것이 갑자기 쉬워지지는 않았지만 서로 마음을 연 덕분에 새로운 가능성을 찾고 시도해볼 수 있다. 밥과 제인의 경제 상황도 나아지기 시작한다.

네 사람은 상대방을 바꾸려고 하지 않는다. 그 방법은 지금까지 한 번도 성공한 적이 없다. 대신 스스로 변할 수 있는 부분을 생각한다. 존은 경제적인 문제 말고 다른 부분에서도 아들과 유대감을 쌓으려고 노력한다.
메리는 남편에게 자기 생각을 분명하게 드러낸다. 밥은
중소기업 고문관의 조언을 받고 제인은 집안의 예산을
관리한다.

　이러한 변화로 네 사람이 상황과 서로에 대해 느끼
는 분노와 답답함이 줄어들었다. 경제적, 감정적 압박은
완전히 사라지지 않았고 언제 또 그들을 압도할지 알 수
없다. 하지만 이제 한 가족으로서 힘을 합쳐 문제를 더욱
신중하게 다룰 수 있게 되었다.

　네 사람은 모두 전통적 협력에서 스트레치 협력으
로의 변화가 어렵다고 느낀다. 스트레치가 불편하다. 더
큰 갈등과 더 진실한 유대 모두에 마음을 열고 실패할지
도 모르는 낯선 행동을 시도해야 하며 현재 상황에 대한
자신의 역할과 책임을 받아들여야 하기 때문이다. 하지
만 새로운 방법이 더 효과적이라고 생각한다.

내전을 끝내는 방법

강제, 적응, 퇴장으로 문제를 해결할 수 없으면 협력을
시도해야 한다. 하지만 복잡하고 논쟁이 심한 상황에는
전통적인 협력이 통하지 않는다. 새로운 접근법이 필요
하다.

1991년 남아프리카공화국에서 잠깐이나마 그런 경험을 했다. 하지만 그 새로운 방법이 내가 배워온 전통적인 협력과 어떻게 다르며 왜 효과적인지 알게 된 것은 나중에 콜롬비아에서였다. 콜롬비아는 1960년대 이후로 세계에서 폭력이 가장 심한 국가 중 하나였다. 군대와 경찰, 두 좌파 게릴라 단체, 우파 의회 자경대, 마약 상인, 범죄 조직 간에 무력 충돌이 일어났다. 그 갈등으로 수십만 명의 무고한 시민이 목숨을 잃었고 수백만 명이 조국을 떠나야 했다.

1996년에 후안 마누엘 산토스Juan Manuel Santos라는 젊은 정치인이 남아프리카공화국을 방문해 넬슨 만델라를 만나 몽플뢰르시나리오프로젝트에 대해 듣게 되었다. 산토스는 그런 협력이 콜롬비아의 갈등을 해결하는 데 도움되리라고 생각했다. 그는 가능성에 대해 논의해보고자 보고타Bogotá에서 회의를 열었고 나도 초대받았다.

그 회의에는 군 장성, 정치인, 교수, 기업 총수가 참석했다. 콜롬비아무장혁명군The Revolutionary Armed Forces of Colombia, FARC 지도자 몇 명은 산속의 은신처에서 무선 통신 장치로 함께했다. 참가자들은 그렇게 다양한 사람들이 한자리에 모였다는 사실에 기대하면서도 초조해했다. 공산당 소속 시의원은 맞은편에 군 지도자가 앉아 있는 것을 보고 산토스에게 말했다. "지금 나를 다섯 번이나 죽이려고 했던 사람하고 한 공간에 있으란 말이오?" 이에 산토스가 대답했다. "여섯 번째가 발생하지 않도록 이 자리에 모신 겁니다."[2]

그 회의에서 데스티노콜롬비아Destino Colombia라는 협력 프로젝트가 발족했다.[3] 조직 위원회는 갈등을 대표하는 42명으로 이루어진 팀을 꾸렸다. 군 장교, 게릴라 대원, 불법 무장 단체원, 기업인, 노동조합원, 토지 소유자, 농민, 학자, 언론인, 젊은이 들로 구성되었다.

이 팀은 4개월 동안 세 차례, 총 열흘에 걸쳐 메데인Medellín 지역 외곽에 자리한 소박한 여관에서 만났다. 좌파 불법 무장 게릴라 단체와 FARC, 좀 더 규모가 작은 민족해방군National Liberation Army, ELN도 참여했다. 정부가 워크숍 장소까지 안전한 경로를 제공하기로 했지만 게릴라 단체들이 그 경로가 너무 위험하다고 판단했기에 우리는 그들이 전화로 회의에 참여할 수 있도록 조치했다. 세 명은 최고 수준의 보안을 갖춘 교도소의 정치범 수용소에서, 한 명은 망명 중인 코스타리카에서 전화로 참여했다.

대부분 게릴라와 처음 대화를 나눠보는 팀원들은 혹시라도 무슨 말을 했다가 보복당할까 봐 두려워했다.

회의실에 스피커폰 두 개를 놓고 통신을 했는데 다들 스피커폰을 지나칠 때 가까이 가기를 두려워하며 멀찍이 피했다. 내가 사람들이 무서워한다고 전하자 게릴라는 이 소우주가 대우주를 반영한다고 평가했다. "카헤인 씨, 거기 모인 사람들이 무서워하는 게 왜 놀랍습니까? 나라 전체가 두려워하는데요." 그는 회의에서 무슨 말을 했다는 이유로 죽이는 일은 없을 것이라고 약속했다.

　　하이메 카이세도Jaime Caicedo는 극좌 콜롬비아 공산당 사무총장이고 이반 두케Iván Duque는 극우 불법 무장단체 콜롬비아연합자위대United Self-Defense Forces of Colombia, AUC 사령관이었다. 어느 날 저녁 카이세도와 두케는 은퇴한 육군 장군 후안 살세도Juan Salcedo와 밤늦게까지 이야기하면서 술도 마시고 기타도 쳤다. 다음 날 아침에 워크숍 일정을 시작하려는데 카이세도가 보이지 않아 사람들에게 물어보았다. 사람들은 그에게 무슨 일이 일어났는지 추측하는 농담을 던졌다. "살세도 장군이 그에게 노래를 시켰어요"라는 누군가의 말에 두케가 위협적인 표정으로 "카이세도를 마지막으로 본 게 나요"라고 했다. 나는 카이세도가 살해된 것은 아닌가 걱정스러웠는데 몇 분 후에 회의실로 들어오는 그를 보고 안도했다.

　　(수년 후 이 이야기가 어떻게 마무리되었는지 들을

수 있었다. AUC 사령관 이반 두케는 정글로 들어가 자신의 보스이자 악명 높은 수장 카를로스 카스타뇨Carlos Castaño를 만났다. 카스타뇨는 두케에게 AUC 전사들이 숙적 하이메 카이세도의 위치를 파악했으며 암살하러 갔다고 말했다. 두케는 카스타뇨에게 워크숍에서 카이세도와 밤늦게까지 함께 어울렸던 일을 이야기하며 그를 살려달라고 애원했다. "카이세도를 죽이지 마십시오. 데스티노콜롬비아프로젝트를 같이 했던 사이입니다." 한참 언쟁이 오간 후 카스타뇨는 암살 계획을 취소했다. 나는 이 이야기가 비전통적인 협력에 담긴 변화의 힘을 잘 보여주는 사례라고 생각했다. 두케가 목숨이 걸린 문제에 대해 카스타뇨를 거스른 것은 카이세도와의 관계는 물론 자신이 무엇을 옹호하고 어떤 행동을 해야 하는지 인식이 바뀌었기 때문일 것이다.)

시간이 지날수록 팀원들은 두려움이 줄어들어 더욱 솔직한 대화를 나눌 수 있게 되었다. 기업가 세자르 데하트César De Hart는 게릴라와의 갈등을 직접 겪어서 그들에 대한 신뢰가 전혀 없으며 군사 행동을 강화하는 것만이 국가의 유일한 희망이라고 믿는다고 말했다. 상당한 용기가 필요한 발언이었다. 게릴라 단체는 물론이고 평화로운 해결 방안을 희망하는 팀원들을 직접 반박하는 말이었으니까. 그는 기꺼이 대립을 받아들이는 열린 태도를 보여주었고 그런 말을 들어줄 만큼 팀원들의 관계가 단단해져 시끄러운 일도 일어나지 않았다. 게다가 데 하트가 생각과 느낌을 솔직하게 드러내자 모든 혼란이 안개 걷히듯 사라져서 불신이 극심한 갈등을 암시한다는 사실을 모두가 분명히 알 수 있었다.

　세 번째 워크숍이 끝날 무렵 팀원들은 네 가지 시나리오에 합의했다. 첫 번째 시나리오 '태양이 뜨면 보인다'는 콜롬비아가 현재의 심각한 문제를 그냥 두면 닥칠 혼란을 경고했다(적응). 두 번째 시나리오 '지금 손안에 있는 것이 없는 것보다 낫다'는 정부와 게릴라의 협상과 타협에 관한 이야기였다(전통적 협력). 세 번째 시나리오 '앞으로 갓!'은 데 하트의 말처럼 정부가 게릴라를 무력으로 진압하고 평화를 이룩하는 내용이었다(강제). 네 번째 시나리오 '단결이 힘이다'는 상호 존중과 협동에 대한 나라 전체의 생각을 바꾸는 상향식 변화였다(스트레치 협력). 무엇이 가장 좋은 해결책인지는 정하지 않았다. 그저 뉴스 기사와 텔레비전 방송, 전국에서 열리는 크고 작은 회의를 통해 국민에게 네 가지 시나리오를 단순한 대안으로만 소개했다.

　데스티노콜롬비아프로젝트 이후 콜롬비아 동료들

은 사후 점검 차원에서 다수의 이해관계자가 개입하는 절차를 마련했고 나도 참여했다. 회의에서 까다로운 사안으로 씨름하던 중에 어느 정치인이 원칙을 정하자고 제안했다. 하지만 그 시점에서는 합의가 불가능해 보였다. 그래서 나는 합의 없이 진행하자고 했다. 놀랍게도 회의가 끝날 무렵, 이전에는 의견 차이를 보였던 사람들이 여러 가지 계획을 함께 추진하기로 합의했다.

다음 날 나는 보고타의 시장을 지낸 안타나스 모쿠스Antanas Mockus에게 그 영문 모를 사건을 전했다. 그는 이렇게 말했다. "합의나 원칙에 관한 토론이 필요하지 않을 때가 많지요. 서로 다른 행위자가 서로 다른 이유를 지지하는 것이야말로 가장 탄탄한 합의입니다." 나는 아무리 의견이 달라도 중요한 일을 함께 해낼 수 있다는 사실을 깨달았다. 복잡한 문제를 해결하는 데 필요한 조건은 보통 사람들이 생각하듯 그렇게 까다롭지 않다. 문제나 해결책이 무엇인지에 대해 만장일치가 없어도 된다.

반갑게도 그 시나리오와 훌륭한 절차들은 몇십 년동안 콜롬비아에서 이루어진 가능성과 해결책에 관한 대화의 기준이 되었다. 콜롬비아의 상황이 항상 네 가지 시나리오 중 하나에 들어맞았으므로 콜롬비아 사람들이 상황을 파악하는 데 도움이 되었다. 2010년에 산토스는

콜롬비아 대통령으로 당선되었고 '단결이 힘이다'는 정
부의 정책을 상징하는 문구가 되었다.

2016년에 산토스는 마침내 FARC와 평화 협정 체결
에 성공했고 ELN과는 협상을 시작했으며 그 업적으로
노벨 평화상을 받았다. 상을 받던 날 그의 공식 홈페이지
는 20년 전에 나와 함께 주최했던 첫 회의에 대해 올리며
"조국의 평화를 위해 가장 중요한 행사"라고 설명했다.[4]

그 후 갈등을 해결하려는 대대적인 시도가 많이 이
루어졌는데도 산토스가 데스티노콜롬비아프로젝트를
특별히 중요하게 생각한다는 점이 놀라웠다. 정신의학
자이자 산토스의 친구인 알베르토 퍼거슨Alberto Fergusson
에게 그 이유를 물어보았다. 퍼거슨은 산토스가 그 프로
젝트를 통해 정반대의 관점을 가진 사람과도 함께 일할
수 있다는 교훈을 얻었을 거라고 설명했다.

데스티노콜롬비아프로젝트는 콜롬비아가 서로 힘
을 합쳐 50년의 내전을 끝내는 방법을 찾도록 도와주었
다. 이 프로젝트는 세 가지 측면에서 스트레치 협력의 전
형적인 사례라고 할 수 있다.

첫째, 데스티노콜롬비아 팀은 콜롬비아의 공익을
위해 힘을 합치고자 했지만 단 하나의 문제를 해결하거
나 가장 좋은 방법을 찾으려고 하지 않았다. 대립 관계에

놓인 그들은 해결책에도 합의하지 않았다. 무엇이 문제
인지에 관한 생각마저 달랐다. 그들이 만장일치로 합의
한 것은 콜롬비아가 문제 상황에 놓였다는 것뿐이었다.
문제의 측면이나 이유에 대한 관점은 제각각이었다.

　팀원들은 함께 일하는 것을 즐기고 서로에게 책임
감도 느꼈지만 하나의 팀은 아니었다. 모두가 데스티노
콜롬비아 팀보다 원래 속한 조직이나 공동체에 대한 유
대감과 헌신이 훨씬 더 컸다. (두케가 카이세도를 살리
려고 한 것은 이 법칙의 예외였다.) 그들의 협력은 이러
한 비단결성 때문에 논쟁이 많았지만 그만큼 값지고 다
채로웠다. 단 하나의 목표나 초점 없이 협력했다.

　둘째, 팀원들은 국가에 필요한 계획이 무엇인지 합
의하지 않았다. 미래에 대한 네 가지 시나리오가 있을 수
있으며 현재 상태를 그대로 유지하는 첫 번째 시나리오
를 원하지 않는다는 점에만 다들 동의했다. 나머지는 상
황을 봐가면서 결정했다. (시나리오를 활용한 다른 모든
사람도 마찬가지였다.) 단 하나의 비전이나 로드맵 없이
협력이 이루어졌다.

　셋째, 팀원들은 각자 원하는 목표에 대한 뜻이 강력
했지만 남들에게 강요할 수 없었다. 역시나 소우주는 대
우주의 축소판이었다. 콜롬비아 내전이 오랫동안 이어

진 것은 그 어떤 정당도 다른 정당에 강요할 수 없었기 때문이었다. 따라서 팀은 타인을 바꾸려 할 수 없는 상태로 협력했다.

통제에 대한 환상 버리기

데스티노콜롬비아프로젝트는 협력에 대한 전통적인 이해가 억눌려 있음을 강조한다. 스트레치 협력을 하려면 세 가지 차원으로 뻗어야만(스트레치) 한다. 그 세 가지 차원은 전통적인 협력을 포함하고 초월한다.

요약하자면 전통적인 협력은 초점과 목표, 달성 계획, 실행을 위하여 개인이 해야만 하는 일을 통제할 수 있다고 가정한다. (팀이 하나의 로드맵을 따르는 것과 같다.) 반면 스트레치 협력은 통제에 놓이지 않고도 전진하는 방법을 제시한다. (여러 팀이 뗏목으로 강을 건너는 것과 같다.)

스트레치가 이루어지는 첫 번째 차원은 팀과 관계를 맺는 방식이다. 전통적인 협력에서는 통제와 억압을 통해 팀의 화합과 대의와 목표를 달성하는 데 초점을 맞춘다. 그러나 복잡하고 통제되지 않는 상황에서는 그렇게 초점을 맞추는 것이 불가능하다. 팀원들의 관점과 소속, 관심사가 크게 다르고 각자 행동할 자유가 있기 때문

이다. 따라서 스트레치를 통하여 팀 안팎에 자리하는 갈
등과 관계에 마음을 열고 수용하고 협력해야 한다.

스트레치가 이루어지는 두 번째 차원은 팀의 과제
를 진전하는 방법이다. 전통적인 협력에서는 문제, 해결
책, 실행 계획에 대한 명백한 합의를 끌어내고 합의한 계
획을 실행하는 것에 초점을 맞춘다. 하지만 복잡하고 통
제되지 않는 상황에서는 분명한 합의나 예측 가능한 실
행이 불가능하다. 팀원들의 의견이 일치하지 않거나 서
로 신뢰가 없거나 행동이 가져올 결과를 짐작할 수 없기
때문이다. 따라서 다양한 관점과 가능성을 시도하고 실
험해 한 번에 하나씩 효과적인 방법을 찾는 스트레치가
필요하다.

스트레치가 이루어지는 세 번째 차원은 상황에 참
여하는 방식, 즉 우리가 수행하는 역할이다. 전통적인 협
력에서는 내 계획이 성공적으로 실행되도록 상대를 바
꾸려고 한다. 암묵적으로 '타인'의 방식을 바꾸려고 하고
자신은 상황의 바깥쪽이나 위에 놓여 있다고 보는 것이
다. 하지만 복잡하고 통제되지 않은 상황에서는 그것이
불가능하다. 상대에게 지시할 수도 없다. 따라서 상황으
로 들어가 열린 태도로 자신의 방식을 바꾸는 스트레치
가 필요하다.

문제 상황에 대처하는 다섯 가지 방법

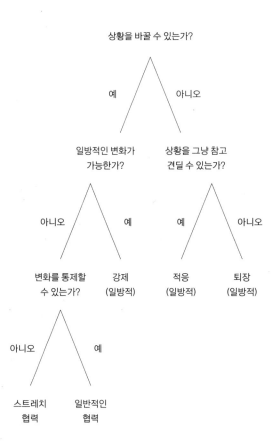

복잡한 상황에서 협력이 성공하려면 이 세 가지 차
원의 스트레치가 모두 필요하다. 스트레치는 낯설고 마
음도 불편하게 만든다. 다음 세 장에서 각각의 스트레치
에 대해 알아보자.

5장

첫 번째 스트레치, 갈등과 연결을 수용하기

> 저 높은 곳에서 보면 하나일지라도 여기
> 아래에서 보면 두 개다.
> —레너드 코언Leonard Cohen(캐나다의
> 가수·작가)[1]

전통적인 협력은 팀원들과 화합하여 팀 전체에 가장 좋은 해결책을 찾는 것에 초점을 맞춘다. 싸우기보다는 대화를 한다. 이 접근법은 통제 가능한 단순한 상황에서는 효과적이다. 문제 당사자들의 관점과 관심사가 전부 일치할 때 말이다. 하지만 사람들의 관점과 관심사가 다른, 복잡하고 통제되지 않는 상황이라면 갈등과 연결을 받아들여야 한다. 대화뿐 아니라 싸움도 필요하다.

대화만으로는 부족하다

내가 겪은 협력에 관한 가장 심오한 경험은 가장 복잡한 질문을 제기하기도 했다. 1998년부터 2000년까지 비전과테말라프로젝트Visión Guatemala에 참여하여, 집단 학살이 자행된 36년에 걸친 내전을 종식하는 평화 협정 실행 과정을 돕게 되었다. 잔혹한 갈등으로 갈라진 지도자들이 모였다. 내각 장관, 전직 육군, 게릴라 장교, 기업가, 원주민, 언론인, 젊은이 등이 참여했다. 이 프로젝트에서 나온 이해와 관계, 헌신은 분열된 과테말라 사회를 재건하는 중요한 계획들을 발족시켰다. UN 대사 라스 프랭클린Lars Franklin은 이 프로젝트가 네 차례의 대통령 선거 운동을 비롯해 수많은 씨앗을 심고 가꾸었으며 과거사규명위원회Commission for Historical Clarification, 재정합의위원회Fiscal Agreement Commission, 평화합의감시위원회Peace Accords Monitoring Commission에 이바지하고 지방자치제 개발 전략과 빈곤 퇴치 전략, 새로운 대학 교과과정 마련에 나섰으며 여섯 차례 국민과의 대화를 실현했다고 말했다.[2]

과테말라 팀의 중요한 사건은 첫 워크숍의 마지막 날 아침에 일어났다. 그들은 동그랗게 둘러앉아 내전에 관한 각자의 경험을 이야기했다. 가톨릭교회 인권 운동

가 로널드 오차에타Ronald Ochaeta는 원주민 마을을 방문했
다가 내전 당시 벌어진 대학살의 피해자들이 묻힌 거대
한 무덤을 발굴하는 장면을 목격했다고 말했다. 땅이 파
헤쳐지자 수많은 작은 뼈가 보였다. 오차에타는 법의학
자들에게 피해자들의 뼈가 학살당할 때 부러진 것인지
물었다. 법의학자들은 피해자 가운데 임산부도 있었고
작은 뼈는 태아의 것이라고 말했다.

　오차에타의 이야기가 끝나자 완전한 침묵이 감돌았
다. 그런 침묵은 처음이었기에 나도 무척 놀랐다. 침묵이
한 5분간 이어지다가 일정이 재개되었다.

　그 일은 나와 팀원에게 지대한 영향을 끼쳤다. 5년
후 이 프로젝트의 역사를 조명하는 인터뷰가 진행되었
을 때 팀원 다수가 프로젝트 이후에 함께한 중요한 과제
가 대부분 그 침묵의 순간에 깃든 통찰과 유대감에서 비
롯되었다고 말했다. 한 명은 이렇게 말했다. "오차에타의
이야기를 듣고 그런 일이 실제로 있었구나 하고 실감을
했죠. 그런 일이 다시는 생기지 않도록 노력해야 한다는
생각이 들었습니다." 또 다른 사람도 말했다. "오차에타
는 진실하고 차분하고 조용하게 이야기했어요. 그의 목
소리에서 증오의 흔적은 보이지 않았죠. 그래서 침묵이
적어도 1분은 계속됐습니다. 소름끼쳤죠! 모두에게 정말

감동적인 경험이었습니다. 아마 그 자리에 있었던 사람이라면 누구나 합일의 순간이었다고 말할 겁니다."[3] 과테말라 같은 가톨릭 국가에서 합일은 한자리에 있는 사람들이 한 몸이 되는 순간을 뜻한다.

비전과테말라프로젝트에서 일어난 5분의 침묵 이야기는 내 첫 번째 책 《통합의 리더십 *Solving Tough Problems*》에서 가장 훌륭한 장이 되었다. 이 이야기는 타인과의 연결을 통해 사회 전체를 드러내고 수리하는 것이 협력의 열쇠임을 보여주었다. 몽플뢰르시나리오프로젝트에서 시작된 이해였다. 비전과테말라를 포함한 프로젝트에서 얻은 연결의 경험은 타인, 그리고 나보다 더 큰 무언가와 화합하고자 하는 바람도 충족해주었다.

2008년에 그 프로젝트의 10주년 기념일을 맞이해 과테말라를 찾았다. 동료들을 다시 만나 반가웠지만 경제 위기 심화, 조직범죄와 군대의 심각한 위협, 비전과테말라 팀원이었던 새 대통령 알바로 콜롬 Álvaro Colom 정부에 대한 실망 등 때문에 그곳의 상황이 걱정스럽기도 했다. 내가 열정을 담아 책에 기록한 우리가 함께 한 일에 대해 팀원들이 어떻게 생각하는지 궁금했다.

좌파 연구자이자 운동가인 친구 클라라 아레나스 Clara Arenas와 점심을 먹었다. 아레나스는 내가 비전과테말라 팀에서 나눈 대화에서 큰 의미를 발견했다는 사실을 잘 알았다. 그녀는 최근에 과테말라에서 이루어지는 담론에 절망감을 느껴서 동료들과 함께 더는 대화에 참여하지 않겠다는 뜻을 담아 신문 전면 광고에 실었다고 말했다. 그렇게 한 이유는 정부가 대화에 참여하는 조직들에게 시위와 행진 같은 대중적인 저항을 그만두라고 요구했기 때문이었다. 아레나스와 동료들은 목적을 이루는 데 가장 중요한 수단을 버릴 생각이 없었다. 그들은 집결하여 자신들의 주장을 강력하게 펼칠 수 없다면 정부와 대화할 마음이 없었다. 나는 아레나스를 존경했고 그녀가 무척 중요한 말을 하고 있다는 사실도 알 수 있었다. 하지만 내가 아는 협력 방식에는 들어맞지 않는 이야기였다. 그녀의 그 말은 끝내 해결되지 않은 갈등으로 남았다.

마침내 5년 후 그 갈등을 어떻게 해결해야 하는지 알려주는 세 가지 경험을 하게 되었다. 2013년 10월에 밴쿠버에 있는 데이비드스즈키재단David Suzuki Foundation 이사회 회의에서 스즈키와 짧지만 날카로운 대립이 있었다. 스즈키는 캐나다인 유전학자인데 40년 이상 라디오와 텔레비전에서 인기 과학 프로그램을 진행했다. 시원시원한 입담을 지닌 친환경주의자이며 캐나다에서 가장 존경받는 공인 중 한 명이다. 당시 캐나다에는 기후 변화 대처 방식, 특히 오일샌드 생산 프로젝트에 따른 높은 이산화탄소 배출량에 대처하는 방식을 두고 환경주의자와 화석연료 기업, 연방 정부 사이에 중대한 싸움이 벌어졌다. 스즈키는 그 싸움의 중심에 서 있었다.

나는 회의 전에 스즈키가 오일샌드 기업 컨소시엄 CEO와 협력할 의사가 있다고 말한 연설을 읽었다. 거기에는 다음의 조건이 붙었다. "인간도 동물입니다. 다른 동물과 마찬가지로 깨끗한 공기와 깨끗한 물, 깨끗한 땅과 깨끗한 에너지, 생물 다양성이 인간의 기본적 욕구입니다. 이러한 기본적인 사실에 CEO가 합의해야만 합니다."[4] 자신이 믿는 원칙에 동의해야만 대화에 참여하겠다는 스즈키의 입장이 비합리적이고 비생산적이라는 생각이 들었다. 회의에서 그에게 반박했다. 그의 입장은 이러했다. 그런 기본적인 문제에 대해 서로 동의하지 않으므로 대화에 참여하지 않는 편이 낫고 자신의 신념을 지지하는 대중과 정치적 견해를 모으는 데 집중하겠다는 것이었다.

그와 나눈 짧은 대화는 가히 충격적이었다. 다른 상황에서 다른 사람들에게도 비슷한 주장을 많이 들었다. 자신의 주장이 옳으므로 상대가 받아들여야만 협력이 시작될 수 있다는 말이었다. 그럴 때마다 나는 원칙들에 대한 그런 의견 차이가 협력이 이루어지지 않는 이유이고, 오로지 참여와 협력을 통해서만 합의에 도달할 수 있다는 설명으로 그 주장을 일축했다. 하지만 스즈키의 주장은 계속 내 머릿속에 남았다. 그의 말이 옳은 듯했고 평소 존경하는 인물이기도 해서 그의 주장을 단번에 일축할 수가 없었다.

이제는 참여와 주장이 복잡한 문제를 진전시키는 서로 반대되는 방식이 아니라 보완적이며 둘 다 정당하고 필요하다는 점을 안다. 자기주장에는 토론, 작전, 경쟁, 행진, 보이콧, 소송, 폭력적 대립 등 다양한 방법이 있고 모두가 전체적인 변화의 일부분이다. 주장과 반박에는 불화와 갈등이 불가피하긴 하다. 그런데 나는 남들이 참여할 때 어떤 사람이나 조직은 자기주장을 할 수 있다고 생각했다. 변화를 끌어내려고 하는 사회 운동가들이 '방 밖outside the room'과 '방 안inside the room'이라는 표현을 사용하는 것을 들은 적이 있었다. 나는 이러한 상호 보완성이 남들은 자기주장에 집중하고 나는 참여에 수월하게 집중할 수 있다는 뜻이기를 바랐다.

2013년 12월 초에 남아프리카공화국의 집으로 돌아갔고 며칠 후 넬슨 만델라가 세상을 떠났다. 몇 주일 동

안 국내외 신문에는 만델라의 부고와 그의 생애와 유산
을 되짚는 이야기로 가득했다. 나도 그의 생애를 내 삶과
관련 있는 쪽으로 고찰해보았다. 2013년에 남아프리카
공화국은 관용이 줄어들어 사회적, 정치적 관계가 더욱
시끄러워졌다. 만델라가 이끌고 성공시킨 1994년의 '기
적적인' 변화를 재평가하는 사람도 많았다.

　　스즈키와의 대화 직후라서였을까. 나는 넬슨 만델
라가 참여와 대화를 통해 반대자와의 문제를 해결하고
자 했던 사실에 집중하느라 그가 주장과 투쟁으로도 똑
같은 목표를 달성하고자 한 사실을 과소평가했음을 깨
달았다. 만델라는 투옥되기 전에 아파르트헤이트 정부
에 반대하는 불법 시위와 작전을 이끌었고 지하로 들어
갔으며 은밀하게 해외에 드나들었고 아프리카민족회의
African National Congress, ANC 무장 게릴라 제1사령관을 맡았
다. (ANC 지도자들은 2007년에도 테러 조직의 구성원
이라는 이유로 미국 입국 사증 발급이 거부되었다.) 만
델라는 출소 후 1994년 선거로 이어진 협상과 그 후 재임
기간에도 목표를 진전시키고자 반대자를 강하게 몰아붙
일 때가 많았다.

　　생각보다 훨씬 더 복잡한 만델라의 리더십은 그가
언제 어떻게 참여하고 주장해야 하는지 알았음을 보여

주었다. 남아프리카공화국이 이루어낸 변혁은 참여와
주장을 모두 활용한 만델라 같은 이들 덕분이었다. 그동
안 나는 전체에서 물리적인 부분에만 집중했음을 깨달
았다. 내가 함께 작업하는 사람들은 대화가 가능해지도
록 설계된 워크숍에서 만난다. 하지만 그들은 워크숍을
벗어나면 서로 싸울 때가 더 많았다. 워크숍에서의 대화
가 놀랍고 유용한 것은 바로 그 이유 때문이었다. 나는
참여와 주장의 역할이 내 바람처럼 완전히 별개일 수 있
는지 궁금해졌다.

한편 태국에서는 과격한 '강제' 방식이 몇 달 동안
시행된 후 2014년 5월에 군대가 쿠데타를 일으켰다. 태
국 동료들의 반응은 갈라졌다. 어떤 이들은 반민주적 행
동에 분노했다. 다른 이들은 폭력적인 대립이 멈추었다
고 안도하며 엄격한 군사 정부가 질서 정연하고 평화로
운 '협력' 시나리오를 가능하게 하는 새로운 법을 만들어
주기를 바랐다. 나는 어느 쪽에 찬성해야 할지 알 수 없
었다. 군사 정부의 한계와 위험은 자명했다. 군사 정부가
질서 정연하고 평화로운 협력을 시행하려는 의도도 알
수 있었다. 그들은 참여를 가능하게 하는 주장을 억누르
고 있었다.

이 극단적인 사건은 내가 고심하던 퍼즐의 마지막

조각을 주었다. 이제 놀라운 사실이 보였다. 내가 몽플뢰
르시나리오프로젝트 이후로 집중해온 협력 방식으로는
쿠데타라는 결과가 나오는 것이 당연했다. 조화로운 참
여를 받아들이고 조화를 이루지 못하는 주장을 거부하
면 사회적 시스템을 압박하는 결과로 이어진다. 과테말
라에서 아레나스가 나에게 해주려던 말이 바로 이것이
었다. 스트레치 협력에서는 참여와 주장 중에서 하나만
사용하면 안 된다. 둘 다 가능한 방법을 찾아야 한다.

전체는 하나가 아니다

참여와 주장에 모두 따르는 필연적인 결과가 있다. 팀이
든 조직이든 지역사회든 '전체의 이익'을 우선시하는 일
은 분별 있지도 타당하지도 않다는 점이다.

　　모든 사회 시스템은 여러 개의 전체로 이루어진다.
그 전체들은 더 커다란 전체의 일부분이다. 영국 작가 아
서 케스틀러Arthur Koestler는 전체이자 부분인 것을 가리키
는 홀론holon이라는 단어를 만들었다.[5] 예를 들어 개인은
자기 자신으로는 전체이지만 팀의 일부이다. 팀은 그 자
체로 전체지만 조직의 일부분이다. 또 조직은 전체지만
어떤 부문의 일부이고 그런 식이다. 이러한 전체들에는
저마다 고유한 필요와 관심사 그리고 야망이 있다. 전체

는 여러 더 커다란 전체의 일부분일 수도 있다.

따라서 '전체'라는 것은 존재하지 않으므로 '전체의 이익' 달성에 집중해야 한다는 주장은 잘못되었다. 다른 사람들을 조종하려는 것이기까지 하다. 그 말의 진짜 의미는 '나에게 가장 중요한 전체의 이익'이기 때문이다. 예를 들어 '팀의 이익'을 우선시한다는 말에는 개별 팀원(더 작은 전체)과 조직(더 큰 전체)의 우선순위를 낮춘다는 뜻이 들어있다. 스트레치 협력에서는 하나의 전체 이익에만 집중하지 않는다. 서로 겹쳐진 여러 전체의 이익과 다양함 그리고 불가피한 갈등에 관심을 기울인다.

나는 팀의 협력을 다그치면서 팀 전체의 목표에 집중하는 실수를 저질렀다. 그것은 참가자들의 개인적, 조직적 목표를 제쳐두라는 암묵적인 요구와도 같았다. 크고 작은 전체의 이익은 나와 팀의 리더에게만 똑같을 뿐이라는 사실을 편리하게도 간과하고 말았다. 다른 사람들에게는 팀 전체의 이익이 개인의 이익과 일치하지 않았다.

2013년에 리오스파트너스Reos Partners의 캐나다 지사 설립을 위해 아내 도로시Dorothy와 몬트리올에 갔다. 캐나다를 떠난 지 거의 30년 만이었다. 내 고향을 새로운 눈으로 볼 수 있는 기회였다. 오랜만의 캐나다 방문은 즐

거우면서도 어리둥절했다. 외국에서 오래 살다 온 내 눈
에는 캐나다인이 절제된 태도로 문제에 접근하는 것이
특이해 보였다. 어떻게 해석해야 할지 알 수 없었다.

　그다음 해에 다가오는 캐나다 건국 150주년을 맞이
해 동료들과 캐나다 리더 50인 인터뷰를 마련했다. 캐나
다의 밝은 미래를 위해 무엇이 필요할지 물어보았다.[6]

　인터뷰가 진행된 기간에 캐나다와 세계에서는 서구
사회 이슬람교도의 존재에 대한 험악하고 불안한 토론
이 벌어지고 있었다. 내가 인터뷰한 사람 중에는 퀘벡 주
지사를 지낸 장 샤레Jean Charest도 있었다. 그는 2년 후 치
러진 미국 대선에서 나타난 적화의 정치적 전조에 관해
인상적인 발언을 했다.

　　선동 정치가는 불안감을 조장하고 특정 집단을 악마로
　　만드는 방법으로 번영합니다. 그들은 공통점보다 차이
　　점이 두드러져 보이게 만들죠. 긍정적인 것보다 부정적
　　인 것을 잘 기억하는 것이 인간의 본성입니다. 무언가에
　　찬성표를 던지는 것보다 반대표를 던지기가 더 쉽지요.
　　정치인들은 싸움 붙이는 것을 즐깁니다. 빠르고 확실하
　　게 효과가 나타나는 방법이기 때문이죠.

이슬람교 시아파의 한 분파인 이스마일파Ismaili의
세계적인 영적 지도자가 설립한 단체 캐나다아가칸재단
Aga Khan Foundation Canada의 CEO 칼릴 샤리프Khalil Shariff도
인터뷰에 참여했다. 그는 캐나다 문화에 관한 새롭고도
깊은 관점을 보여주었다.

하나 된 세상에서 동질성이라는 개념이 빠르게 사라지
고 있는데 그 이유는 두 가지입니다. 첫째, 우리가 그 어
느 때보다도 개인적 차이, '자기개념'을 잘 의식하고 있기
때문입니다. 둘째, 세상은 역사적으로 전례 없는 인구 이
동을 경험했습니다. 이 두 가지 요인은 차이 관리와 공통
적인 체계 안에서의 삶이 오늘날 모든 사회에 기본적인
것일지도 모른다는 뜻입니다.

언젠가 누군가 이런 말을 했습니다. 개인에게 최고의 미
덕은 겸손함이라고요. 그렇다면 사회를 위한 최고의 미
덕은 무엇일까요? 다른 모든 미덕과 역량이 나오는 그런
미덕 말입니다. 다원주의 역량이야말로 모든 역량의 근
원이 아닐까 싶습니다. 다원주의를 다루는 사회적 역량
을 쌓는다면 다른 수많은 질문도 다룰 수 있습니다. 캐나
다 사회를 이루는 발판, 즉 다원주의에 대한 헌신은 대부
분 눈에 보이지 않습니다. 우리가 항상 명쾌하게 이해하

지 못하고 당연시하기도 하지만 그것은 우리 안에 새겨
져 있습니다.

샤리프는 나에게 개인적인 난제도 안겨주었다. "당
신이 그동안 전 세계에서 해온 자랑스러운 협력은 단순
히 개인의 재능이 표현된 것이 아닐지도 모릅니다. 자신
이 자라온 문화를 표현해온 것일 수도 있어요." 캐나다
문화가 다원주의를 소중히 여기는 유일한 문화도 아니
고 캐나다인은 그와 정반대되는 가치를 표현할 때도 많
다. 이를테면 원주민 문화를 가혹하게 억압하는 것이 그
렇다. 하지만 샤리프는 정반대되고 당혹스러운 여러 전
체 속에서 함께 살고 함께 일하려면 다원주의 문화가 매
우 중요하다는 사실을 지적해주었다.

홀론의 두 가지 동력
다수의 전체와 함께 일하는 열쇠는 힘과 사랑을 모두 행
사하는 것이다. 2010년에 출간한 《포용의 리더십》에서
제시한 이론인데 지금까지도 협력의 역학을 이해하는
데 무척 중요하다는 사실이 거듭 확인되고 있다.

그 책에서 나는 독일의 신학자 파울 틸리히Paul Tillich
의 심오한 연구에 따라 힘power을 "살아 있는 모든 생물

체의 자아실현 동력"이라고 정의했다.[7] 힘의 동력은 주
장하는 행위에서 드러난다. 집단 내에서 힘의 동력은 분
화differentiation (다양한 형태와 기능의 발달)와 개별화
individuation(서로 따로 떨어져 작동하는 부분)를 만든다.[8]

사랑도 역시 틸리히의 정의를 따라 "분리된 것의 통
합을 지향하는 동력"이라고 정의했다. 사랑의 동력은 참
여 행위에서 드러난다. 집단 내에서 사랑의 동력은 균질
화(정보와 역량 공유)와 통합(전체로 연결되는 부분)을
낳는다.

내 주장의 핵심은 모든 개인과 집단은 두 가지 동력
을 가지고 있으며 오직 한 가지만 활용하는 선택은 실수
라는 것이다. 힘과 사랑은 하나만 골라야 하는 선택지가
아니다. 서로 보완적인 관계이므로 둘 다 선택해야 한다.
나는 틸리히의 사상에 큰 영향을 받은 마틴 루터 킹 주니
어Martin Luther King Jr.의 "사랑 없는 힘은 무모하고 폭력적
이며, 힘이 없는 사랑은 감상적이고 나약하다"[9]라는 주
장을 좀 더 자세하게 설명했다. 크고 작은 사회 시스템에
서 두 가지 동력 중 하나가 빠졌을 때 일어나는 쌍둥이
같은 퇴행과 두 가지 동력이 함께 행사될 때 일어나는 발
전적 통합에 관한 여러 사례를 인용했다.

살아 있는 모든 전체 혹은 홀론은 사랑과 힘의 동력

을 가진다. 통합을 지향하는 동력인 사랑은 홀론의 부분
성을 반영한다. 더 큰 전체의 일부인 것이다. 자아실현을
지향하는 동력인 힘은 전체를 반영한다. 그 자체로 하나
의 전체다. 따라서 다수의 전체와 함께 일하려면 사랑과
힘을 모두 행사해야 한다는 전제 조건이 필요하다.

어느 네덜란드 중간 관리자 협회에 《포용의 리더
십》을 쓰려고 한다고 말한 적이 있다. 그들은 특별 프로
젝트나 휴직자가 있는 조직의 공백을 메우거나 새로 부
임한 매니저가 적응하는 시간을 갖도록 돕는 등 다양한
관리 업무를 맡는 전문직 종사자다. 그들은 힘과 사랑을
함께 행사하는 것이 당연하다는 반응을 보였다. 그들이
관리자로서 하는 일 자체가 팀원 개인의 자아실현 동력
과 팀의 집단 자아실현을 위한 필요성을 조화시키는 것
이기 때문이다.

나는 정치인이나 사회 운동가들과 일할수록 사회
시스템을 다룰 때 사랑과 힘이 중요하다는 것을 점점 분
명하게 이해할 수 있었다. UN의 정치 시나리오 팀을 관
리한 안토니오 아라니바Antonio Aranibar가 놀랍게도 이 책
의 스페인어판 출간을 지원했다. 그에게 이 책이 유익하
다고 생각한 이유를 물어보았다. 아라니바는 크고 작은
전체의 이해관계를 정렬시키는 것이 정치의 본질이라고

대답했다.

　텍사스대학교오스틴The University of Texas at Austin 명예
교수 베티 수 플라워스Betty Sue Flowers는 나에게 미국의 린
든 존슨Lyndon Johnson 대통령이 이해관계의 정렬을 어떻
게 이루었는지 연구해보라고 제안했다. 린든 존슨의 전
기에서 흥미로운 이야기를 발견할 수 있었다. 그가 개인
입법자들의 관심사에 주의를 기울여 개별적인 정치적
전체를 하나로 연결한 덕분에 그 유명한 공민법을 통과
시킬 수 있었다는 것이다. 전기에는 린든 존슨과 역사학
자 아서 슐레진저Arthur Schlesinger의 회의 장면이 나온다.

　　린든 존슨은 민주당 의원 48명을 보며 "난 이런 문제를
　　상대해야 합니다. 여러분도 알고 계세요"라고 말했다. 아
　　서 슐레진저가 절대로 잊지 못할 장면을 회상했다. "존슨
　　대통령은 전부는 아니지만 의원 대부분을 짚고 넘어갔
　　다." 정말 그는 의원 한 명씩 리스트를 읊었다. 각 의원의
　　강점과 약점, 누가 술을 많이 마시고 여성을 좋아하는지,
　　어떤 의원을 찾으려면 언제 집으로 연락하고 언제는 정
　　부情婦의 집으로 연락해야 하는지, 어떤 의원이 대기업에
　　휘둘리는지, 공영 전화電化 협동조합에 귀 기울이는지, 노
　　조의 간청에 반응했는지, 농업 로비에 반응했는지, 어떤

주장에 반응했고, 어떤 반대 주장에 반응했는지. 린든 존
슨은 짧게나마 탁월한 성대모사도 했다. "술을 너무 많이
마시는 차베스Chavez 의원 차례가 되자 대통령은 술에 취
해서 꼬부라진 목소리를 흉내 냈다. 정말 웃겼다."[10]

힘과 사랑을 번갈아가며 행사하라

나는 《포용의 리더십》을 출간한 후에 심리학자 배리 존
슨Barry Johnson이 힘과 사랑 같은 간극의 관계를 보여주는
방법론을 개발했다는 사실을 알게 되었다. 존슨은 해결
할 수 있는 문제와 해결이 불가능하고 오직 관리만 가능
한 양극성을 구분 지으라고 제안한다.[11] 양극성에서 두
가지 관계는 들숨과 날숨의 관계와 유사하다. 들숨과 날
숨 중에 하나만 선택할 수 없다. 숨을 들이마시기만 하
면 이산화탄소가 넘쳐서 죽고 내쉬기만 하면 산소가 부
족해서 죽는다. 들이쉬기와 내쉬기를 모두 해야 하며 동
시가 아닌 번갈아가면서 해야 한다. 우선 혈액에 산소를
공급하기 위해 숨을 들이쉰다. 세포가 산소를 이산화탄
소로 바꾸고, 혈중 이산화탄소가 증가하면 숨을 내쉰다.
혈액 속 산소 수치가 너무 낮아지면 숨을 들이마신다.
몸이 건강하면 이러한 불수의적인 생물학적 피드백 시
스템에 따라 들숨과 날숨의 교대가 유지되어 우리는 살

아가고 성장할 수 있다.

　배리 존슨의 방법론을 통해 참여와 주장에 관한 혼란스러웠던 경험이 이해되었다. 그의 방법론은 사랑과 힘을 행사하려면, 즉 다수의 전체와 함께 일하려면 무엇이 필요한지 설명해주었다. 조화를 수용하고 불협화음을 거부하는 것이 바로 협력이라는 그동안의 생각이 협력의 효과와 적용 가능성을 제한했음을 이제야 깨달았다. 오로지 화합만 존재하는 협력은 으레 실패하기 마련이고 결국은 적응과 강제 그리고 퇴장으로 이어졌다.

　협력할 때는 사랑과 힘을 번갈아가며 행사한다. 우선 다른 사람들과 함께 참여한다. 참여가 계속되다 격렬해지면 결합과 항복이라는 불편한 감정이 만들어진다. 참여를 이어가기 위해 자신의 중요한 신념을 경시하거나 타협해야만 하는 것처럼 느껴진다. 이러한 반응이나 불편함은 자신의 신념을 밀어붙이는 주장으로 바꿔야 한다는 신호가 된다. (아레나스와 스즈키의 경우와 같다.) 하지만 주장이 계속되다 격렬해지면 차단, 반발, 저항 충동이 일어난다. 이러한 반응이나 감정은 참여로 돌아가야 한다는 신호다. (이 간단한 예시에서는 양쪽에게 한 가지 역할만 주어졌지만 실제로는 양쪽이 두 가지 역할을 모두 할 수 있다.)

사랑과 힘의 양극성 관리

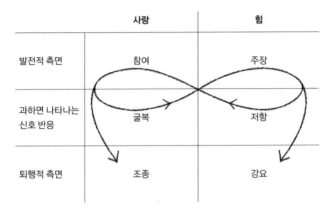

이 두 가지 반응이나 불편함이 무시되거나 도를 넘으면 어떻게 될지 생각해보면 참여와 주장이 교대로 이루어져야 할 필요성을 이해할 수 있다. 만약 자기주장만 하고 상대방의 저항을 밀치고 나간다면 자신의 목표를 상대방에게 강요하는 결과가 된다. 결국 상대를 패배시키거나 탄압하는 것이다. 극단적인 경우 주장만 하면 전쟁과 인명 피해로 이어질 수 있다. (태국인들이 2013-2014년의 폭력 사태가 내전으로 이어질까 봐 두려워한 것과 비슷하다.) 널리 알려진 이 위험에서는 저항의 분위기를 알아차리는 것이 중요하다. 주장이 너무 과해서 참여가 필요하다는 신호이기 때문이다. 필요할 때 참여로 전환하면 주장이 퇴행적인 효과로 이어지는 것을 막을 수 있다.

반면 나의 참여가 너무 과해서 상대방이 타협당하는 것처럼 느낀다면, 상대방을 조종하거나 힘을 빼앗는 결과가 된다. 극단적인 경우 참여만 행사하면 질식으로 이어질 수 있다. 강제된 평화나 화해로 생기가 사라져버린다. (태국인들은 2014년 쿠데타가 무감각이라는 치명적인 결과를 가져올까 봐 걱정했다.) 이 위험은 널리 알려지지 않았는데, 왜 항복 분위기를 알아차리는 것이 중요한지 이유가 되기도 한다. 참여가 너무 과해서 주장이 필요하다는 신호이기 때문이다. 필요할 때 주장으로 전환하면 참여가 퇴행적인 효과로 이어지는 것을 막을 수 있다.

제한 없는 참여가 가져오는 위험은 잘 알려지지 않았다. 몽플뢰르시나리오프로젝트 이후 참여와 대화를 받아들이고 주장과 싸움을 거부한 내가 놓친 점이기도 했다. 배리 존슨은 (내가 그런 것처럼) 제한 없는 주장의 위험에 너무 집착하는 것을 경고했다. 참여가 하나의 극이 아닌 완벽한 이상이라고 착각하게 되므로 정반대의 위험이 발생하기 때문이다. 정중하지 못하고 위험하다는 이유로 주장을 거부하고 제쳐버린 것이 내 실수였다.

그렇다고 주장이 아예 사라진 것은 아니었다. 어둠으로 들어가버려 무의식적으로 행사되었을 뿐이었다.

미국 심리학자 제임스 힐먼James Hillman은 '전문직 종사자를 도와주는' 나 같은 사람들이 힘과 주장을 거부하는 실수를 자주 저지른다고 지적한다.

> 힘에 관한 갈등은 왜 그렇게 무자비한가? 그것은 정치와 비즈니스에서는 일상적인 문제라 종교, 의학, 예술, 교육, 간호학 같은 이상주의적인 직업 부문보다 덜하다. 정치와 비즈니스에서는 이상주의가 덜하고 그림자가 더욱 강한 것처럼 보인다. 힘이 억압받지 않고 일상에서 동반자로 함께한다. 힘은 사랑의 적이라고 선언되지도 않는다. 따라서 힘이라는 개념 자체가 사랑과의 낭만적인 대립으로 타락한다면 정말로 타락할 것이다. 타락은 힘 자체에서 시작되는 것이 아니라 무지에서 시작된다.[12]

주장을 차단하면 왜곡이 일어나 퇴행적이고 위험해진다. 제임스 힐먼의 지적처럼 정치와 비즈니스에서는 주장(경쟁과 논쟁)의 가치가 일반적으로 받아들여진다. 주장과 참여의 공존도 마찬가지다. (공정한 경쟁이 이루어지는 장을 유지하기 위한 협동이 그 예이다.) 하지만

협력 부문에는 주장보다 참여가 필요하다는 잘못된 고
정관념이 존재한다. 발전적인 주장이 가능해지려면 의
도적인 노력이 필요함을 암시한다.

전통적인 협력은 참여에 초점을 맞춘다. 주장을 허
용하지 않으므로 경직된다. 결국 딱딱하게 굳어 꽉 막혀
버린다. 반면 스트레치 협력은 참여와 주장 사이를 발전
적으로 순환하므로 가족, 조직, 국가 같은 사회 시스템이
더욱더 높은 수준으로 발전할 수 있다.[13]

나는《포용의 리더십》관련 강연에서 사람 대부분
이 사랑과 참여 혹은 힘과 주장 중에서 한쪽에 더 편안함
을 느낀다는 사실을 발견했다. 개인이나 문화에 따라 선
호도가 다르다. 스트레스가 적은 환경에서는 두 가지 동
력을 유연하게 활용할 수 있을지도 모르지만(상대가 동
료나 친구일 때), 스트레스가 높은 환경에서는 자신의
기본 상태로 돌아가 안전지대에 갇힌다(상대가 적과 반
대자일 때). 그들은 더 강한 동력을 너무 과도하게 행사
하면 위험하다는 것을 알고 자제한다. 이렇게 말한 사람
이 많았다. "직장에서는 힘을 행사하는 게 좀 더 편합니
다. 사랑은 집에 더 적합하죠. 하지만 남을 괴롭힌다고
비난받는 일이 많아서 힘의 행사를 자제하려고 합니다."
한편 이렇게 말한 사람도 있었다. "나는 사랑을 행사하는

게 더 편해요. 힘은 위험하게 느껴져요. 하지만 상처받는 일이 많아서 사랑을 억누르려고 합니다." 또한 사람들은 자신이 가진 강한 동력을 행사하는 데 집중하고 배우자나 사업 파트너, 조직의 다른 부서와 같은 상대편이 나머지 동력을 행사하게 한다.

스트레치 협력에서는 모두가 힘과 사랑을 받아들여야 한다. 만약 자제한다면, 즉 강한 쪽을 약화하거나 약한 쪽을 상대방에 맡기면 힘든 상황에서 협력에 성공할 수 없다. 따라서 정반대가 되어야 한다. 약한 동력을 행사해 강해지게 만들어야 한다. 즉 스트레치가 필요하다.

참여와 주장이 교대로 이루어지려면 언제 어느 쪽을 행사할지 알고 퇴행적이 아닌 발전적인 주기가 이어져야 한다. 캐나다의 알루미늄 기업 알칸Alcan의 CEO였던 데이비드 컬버David Culver는 탁월한 관리자로 유명했다. 사회 혁신을 연구하는 프랜시스 웨스틀리Frances Westley가 은퇴한 컬버에게 비결을 물었다. 그의 대답은 이러했다. "나는 온정적인 마음이 들면 오히려 더 냉정해지려고 합니다. 냉정해져야 한다는 생각이 들면 온정적이 되려고 하지요." 따라서 참여와 주장을 왔다 갔다 하려면 (퇴보로 접어드는) 불균형의 신호를 보내는 피드백에 주의를 기울이고 균형을 바로잡는 조처를 해야 한

다. 참여가 상대방을 굴복시키고 조종하는 위험의 경지
에 이르면 주장이 강해져야 한다. 반면 주장이 저항을 일
으켜 강제의 위험이 발생하면 참여가 강해져야 한다. 정
적인 균형을 유지하지 말고 역동적인 불균형을 의식하
고 바로잡는 것이 중요하다.

　참여와 주장을 모두 활용하는 기술은 필요할 때마
다 대항하고 조처하는 의식과 용기가 있다는 뜻이다. 참
여가 지배하는 상황이나 시스템에서 주장은 예의에 어
긋나거나 공격적으로 비칠 수도 있다. 반면 주장이 지배
하는 상황이나 시스템에서 참여는 약하거나 배신적인
행위로 비칠 수 있다. 흐름에 역행하려면 인내가 필요하
다. 지배적인 움직임이 좌절과 의심, 두려움으로 이어질
때까지 기다렸다가 그에 맞서는 조처를 해야 한다.

　갈등과 연결을 수용하려면 반드시 사랑과 힘이 어
떻게 활용되는지 주의를 기울여야 한다. 통합과 전체의
이익을 강조하는 사랑이 과도하다고 생각된다면 힘을
행사할 필요가 있다. 힘의 행사에 따르는 불안한 갈등도
감수해야 한다. 부분의 의사 표현과 이익을 강조하는 힘
이 과도하다고 생각된다면 사랑을 행사할 필요가 있다.
사랑의 행사에 따르는 제한적인 집단주의도 감수해야
한다. 반드시 이 두 가지를 모두 활용해야 한다.

6장

두 번째 스트레치, 실험하며 나아가기

걷는 자여, 길은 없다.
길은 걸어야 만들어진다.
─안토니오 마차도Antonio Machado
(에스파냐의 시인)[1]

전통적인 협력에서는 모두가 문제와 해결책, 실행 방안, 실행에 동의함으로써 앞으로 나아간다. 이 접근법은 통제 가능한 단순한 상황에서는 효과적이다. 협력하는 사람들이 계획에 동의하여 의도된 결과를 얻을 수 있기 때문이다. 하지만 복잡하고 통제되지 않는 상황에서는 여러 다양한 견해와 행동을 실험할 필요가 있다. 방법을 제안하고 상황을 관찰하면서 또 다른 방법을 시도해야 한다.

미래를 통제할 수 없지만 영향을 줄 수는 있다

나는 매우 중대한 난제를 협력으로 해결하도록 돕는 일을 한다. 어떤 문제를 다루어야 하는지는 내가 선택하지 않는다. 그런데 몇 해 전 콜롬비아와 과테말라 같은 국가에서의 경험을 통해 헤로인, 코카인, 메스암페타민 등 불법 약물과 관련된 광범위한 문제에 관심을 가지게 되었다. 2012년에 그 문제와 관련해 뭔가를 해볼 기회가 덜컥 생겼다.

본격적으로 문제에 뛰어들어보니 놀랍게도 전 세계의 정부가 무려 40년 동안 똑같은 한 가지 전략만 실행해 왔음을 알 수 있었다. 지정된 약물의 생산과 판매, 소비를 불법화함으로써 '마약과의 전쟁'을 치르는 방법이었다. 마약을 규제하는 정부 관계자는 해마다 1,000억 달러가 넘는 비용을 치르며 국내외 관련법을 철저하게 시행해왔다.[2] 정책 토론에서도 다른 대안은 무조건 제외했다. 이처럼 투자 자원이 오로지 한 군데에만 집중되어 있는데도 마약 중독과 범죄, 부패, 감금, 폭력이 여전히 기승을 부렸다.

1990년대에 일부 정치 지도자가 그 전략에 의문을 제기하기 시작했다. 가장 큰 목소리를 낸 사람은 바로 콜롬비아 대통령 후안 마누엘 산토스였다. 2011년 11월에 그는 말했다. "이 문제에 관해서는 세상이 고정 자전거를 타고 있는 듯한 느낌입니다. 우리는 계속 마약과 싸우고 있지만 마약은 계속 움직입니다."[3] 그는 여러 회의에서 이 주장을 반복하며 진퇴양난에서 벗어나 앞으로 나아가게 할 마약 정책을 찾겠다고 공표했다.

나와 동료 호아킨 모레노Joaquin Moreno, 구스타보 무티스Gustavo Mutis는 1996년 이후 산토스와 데스티노콜롬비아를 비롯한 여러 프로젝트를 함께했다. 2012년 2월에 《포용의 리더십》스페인어판 출간 기념으로 보고타에서 점심 식사를 함께한 우리 네 사람은 데스티노콜롬비아를 본떠 세계 지도자들이 함께 새로운 마약 규제 정책을 찾아보는 프로젝트를 구상했다. 2012년 4월에 산토스가 아메리카 대륙 정상회담에서 프로젝트를 제안했다. 정상들은 프로젝트를 추진하기로 하고 워싱턴DC에 본부를 둔 미주기구Organization of American States, OAS에 일을 맡겼다. 나는 변화를 만드는 기회에 적극적으로 발을 내디뎌 앞으로의 가능성을 지켜보게 되어 기뻤다.

이렇게 해서 나는 동료들과 OAS와 함께 2012년 5월부터 2013년 5월까지 마약 전쟁의 대안을 찾는 야심 찬 프로젝트에 뛰어들었다.[4] OAS 사무총장 호세 미겔 인술사José Miguel Insulza는 OAS가 중요한 임무를 맡게 되어 기뻐하면서도 나와 동료들이 개입한다는 사실에 놀랐다. 회원국들의 형식적이고 합리적인 외교 협상을 통해 합의를 끌어내는 것이 보통 이런 임무에 대한 OAS의 접근 방식이었는데, 그런 방식을 활용하기 어려운 고질적인 사안에서 과연 변화를 만들어낼 수 있을지 회의적인 시선이 많았다. 반면 나와 동료들은 정부 및 비정부 관계자들이 비형식적이고 창의적인 협력으로 선택안을 만들어내기를 원했다.

이러한 견해 차이 때문에 인술사 사무총장이 이끄는 OAS 팀과의 첫 회의는 의심과 갈등으로 가득했다. OAS도 우리도 프로젝트를 통제하고 싶었지만 그럴 수 있는 성질의 과제가 아니었다. 따라서 이 협력 프로젝트를 실행하려면 협력하지 않으면 안 되었다.

프로젝트를 어떻게 설계할지, 누가 개입할지, 정부의 공식 절차와 어떻게 연결할지 정해야 했다. 커다란 위험이 따르는 중대한 프로젝트를 성공시키겠다는 목적은 그쪽이나 우리나 똑같았지만 서로 다른 관점과 이해관계가 있었다. 1년 동안 진행된 그 프로젝트는 참여와 주장, 우호적인 대화와 성난 언쟁, 협조와 경쟁으로 출발했다. 생각이 일치하지 않는 사람들과 중대한 프로젝트를 함께한 그 경험은 매우 신나면서도 짜증스러웠다.

우리는 아메리카 대륙에서 정치, 보안, 비즈니스, 건강, 교육, 원주민 문화, 국제기구, 사법 시스템, 시민사회 등 마약 정책과 관련 있는 부문의 지도자 46명으로 이루어진 팀을 꾸리기로 합의했다. 그 팀은 2013년 1월과 2월에 파나마시티에서 진행된 3일간의 워크숍에서 두 차례 만났다. 마약 문제와 관련해 앞으로 일어날 수 있는 여러 시나리오를 만드는 것이 주요 과제였다. 틀 짜기가 무척 중요했다. 문제와 해결책에 대한 팀원들의 관점에는 뿌리 깊은 차이가 존재하므로 누가 옳은지 따지는 융통성 없는 대화에서 어떤 해결 방안이 가능할지 알아보는 유연한 대화로 바꾸어야 했다.

나와 동료들은 팀원들이 자유롭고 새롭게 연결되고 생각하고 행동할 수 있도록 워크숍을 진행하려고 노력했다. 그래서 워크숍에는 평소 OAS의 회의에 일반적이지 않은 다양한 활동이 포함되었다. 병원과 경찰서, 운하 같은 장소를 방문해 복잡한 상황의 여러 측면을 직접 관찰하기, 마약 문제의 해결책을 찾는 일에 관한 개인적인 경험 공유하기, 현재 상황과 미래 상황에 대한 창의적이고 체계적인 대화 나누기 등이었다.

이런 활동을 통해 몇 가지 시나리오가 만들어졌다. 지시되거나 금지된 주제는 없었다. 워크숍에서 대화를

나눌 때와 프로젝트 보고서를 쓸 때도 모든 팀원에게 동
등한 기회가 주어졌다. 남보다 비중이 더 큰 사람은 없었
다. 보고서를 편집한 베티 수 플라워즈는 인내심을 가지
고 모두의 의견을 고려해 수십 개 초고를 수정하고 회람
했다. 인술사 사무총장은 OAS나 회원국의 뜻을 고려하
지 않고 보고서를 작성된 그대로 발표하겠다고 약속했
다. 이렇게 정치적으로 민감한 프로젝트에서 전례 없는
일이었다.

    팀 내 갈등은 주로 기존의 마약 정책을 고수하고자
하는 정부 관계자와 개혁을 원하는 비정부 운동가 사이
에서 발생했다. 그들의 입장은 조화를 이루지 않았다. 공
식적인 권한과 책임이 있는 정부 관계자는 현재 상태를
지키려는 경향이 강했다. 양측은 서로에게 믿음이 없었
다. 첫 번째 워크숍에서 한 정부 관계자가 나에게 개혁주
의자들이 복도에서 대마초를 피운다고 말했다. 듣고 나
니 정말로 대마초 냄새가 나는 듯했다. 하지만 나중에야
그것이 사실이 아닐뿐더러 터무니없는 말임을 깨달았
다. 일에 몰두한 나머지 나도 모르게 상호 불신의 분위기
에 젖어서 있지도 않은 대마초 냄새를 맡게 된 사실이 그
저 놀라울 뿐이었다.

    우리는 팀이 자유롭고 투명하고 민주적으로 결론에

이를 수 있도록 워크숍을 신중하게 조직했는데, 몇 주의 열띤 논쟁 이후 그 노력이 결실을 보았다. 팀원들은 워크숍에서의 대화와 이메일, 화상회의를 통해 보고서 본문에 대한 합의를 보았다. 보고서에는 정부가 마약과의 전쟁에서 벗어나 시행할 수 있는 몇 가지 대안이 담겼다. 일부 국가가 국제 협정을 무시하고 불법 마약 상인에게 자유 통행권을 제공하는 것, 보안 기반이 아닌 건강 기반의 전략, 비범죄화와 비형벌화, 합법화를 비롯한 새로운 마약 규제 방안 실험 같은 시나리오가 포함되었다.

인술사 사무총장은 보고서를 있는 그대로 산토스를 비롯한 각국 정부 지도자에게 보냈다. 새로운 마약 규제 정책을 논의하는 최초의 공식 문서였다. 회의론자의 예상과 달리 OAS가 통제되지 않은 협력 과정을 허용한 덕분에 매우 혁신적이고 중대한 결과가 나왔다.

산토스는 보고서에서 제안한 정책에 착수하면서 말했다. "이 네 가지 시나리오는 강력한 권고도 예측도 아닙니다. 선입견과 독단적 견해 없이 현실적인 선택지를 제공하는 것입니다."[5] 1년 4개월 뒤 인술사 사무총장은 보고서에 대해 말했다. "그 보고서는 즉각 막대한 영향을 끼쳤습니다. 전례 없는 솔직하고 개방적인 토론으로 가능한 선택지가 전부 나왔습니다. 마약 관리는 그 보고서를 기점으로 '전'과 '후'로 나뉩니다."[6]

　나는 힘들었던 1년간의 프로젝트가 보인 성과에 열광했다. 내가 원하는 작업 방식에 동의하도록 OAS 관계자를 강력하게 밀어붙여야만 했다는 것에 분노가 치밀기도 했다. 적과 반대자를 포함한 모든 당사자를 한자리에 모으고 팀원들을 창의적 과정에 참여시키고 보고서 내용에 대한 통제권을 주자고 말이다. 하지만 진정된 후에는 나를 화나게 하는 OAS의 행동이 나 자신의 행동이기도 했다는 사실을 깨달았다. 어떻게든 내가 원하는 대로 하려고 힘을 최대한 행사하는 것 말이다. 나는 참여와 주장이 최대한 이루어지도록 뻗는 방법을 배우는 중이었다.

　이 프로젝트는 아메리카 대륙의 마약 문제를 해결해주지 못했다. 새로운 정책이나 행동 계획도 내놓지 못했다. 하지만 대안적인 미래(네 가지 시나리오)에 대한 새로운 공동 서사와 적(특히 정부 관계자와 개혁주의자) 사이에 새롭고 중요한 업무 관계를 만들었다. 특히 우루과이와 미국 몇몇 주에서 대마초가 합법화되는 등 그해에 마약 정책은 새롭게 변화했다. 이는 아메리카 대륙을 넘어 마약 정책의 미래에 새로운 가능성을 열었다. 대안적 수요와 공급 모델, 소비 위험 감소 방법, 오래된

관행 개혁, 국제 협정 수정 같은 실험을 포함해 그동안 논의가 금지되었던 선택지가 활짝 열렸다. 40년 이상 진퇴양난에 빠졌던 세계 절반의 사회 시스템이 드디어 진전을 보게 되었다.

나는 프로젝트를 통해 통제할 수 없는 상황에 영향을 끼치는 방법을 분명히 알 수 있었다. 그 프로젝트에서 다뤄진 상황은 적어도 세 가지 측면에서 통제 불능이었다. 다수의 합법적, 불법적 행위자에 의한 여러 신구 약물의 생산과 소비를 통제할 수 없었다. 세계 정부와 비정부 기구의 마약 정책에 관한 관점과 입장을 통제할 수 없었다. 독립적인 참가자들의 협력 결과물도 통제할 수 없었다.

그러나 상황을 통제하려는 시도가 멈추자 눈에 띄는 진전이 이루어졌다. 참가자들이 문제나 해결책에 합의하는 것은 불가능할 뿐만 아니라 꼭 그럴 필요도 없다는 사실이 밝혀졌다. 이러한 깨달음은 만장일치 없이 상황을 전진시키는 자유를 선사했다. 프로젝트 운영자와 팀원 사이에 활기 넘치는 협력이 이루어진 덕분에 새로운 가능성이 나오기 시작했다. 그중에서도 기존의 단일 전략을 융통성 없이 실행하는 데서 벗어나 새로운 전략을 다양하고 유연하게 실험해볼 의지가 있다는 것이 가장 중요했다.

돌을 더듬으면서 강을 건넌다

스트레치 협력에서는 앞으로 나아가는 길을 함께 만든
다. 출발하기 전에는 길을 알 수 없다. 길은 예측할 수도
통제할 수도 없다. 가면서 찾을 수밖에 없다. 그래서 앞
으로 나아간다는 것이 흥미진진하면서도 불안하다.

스트레치 협력에서는 당사자들이 생각도 다르고 호
감도 신뢰도 없어서 위험도가 낮은 단기간의 행동 계획
이상에는 헌신하지 않는다. 통제받지 않는 상태에서 자
발적으로 이루어지는 일시적인 협력이므로 언제든 원
하면 퇴장할 수 있다. 협력자들은 하고 싶은 대로 하므로
강요나 회유가 통하지 않는다. 마약 프로젝트에서 팀원
들이 여러 굴곡에도 끝까지 참여한 것은 저마다 자신에
게 중요한 사안을 위해 뭔가를 할 수 있는 중요한 기회였
기 때문이다.

미국의 경영학 교수 피터 센게Peter Senge는 말한다.
"대부분의 리더십 전략은 처음부터 실패할 운명이다. 변
화 전략을 시행하는 리더들은 마치 식물을 보고 이렇게
부탁하는 정원사와 같다. '빨리 커라! 좀 더 노력해! 할 수
있어!' 빨리 자라기를 '원하라'고 식물을 설득할 수 있는

정원사는 세상에 없다. 씨앗에 성장 잠재력이 없으면 그
누구도 상황을 바꿀 수 없다."[7] 스트레치 협력은 정원 일
과도 같다. 다 같이 번영할 수 있는 조건을 함께 만들 수
있지만 지시할 수는 없다.

협력자들이 어떤 계획을 함께 실천할 의지가 있다
고 해도 그 계획은 변화의 시작에 불과할 뿐 끝을 내놓지
는 못한다. 복잡하고 논쟁적인 환경에서 어떤 계획이 성
공할지 아는 유일한 방법은 일단 계획을 실행하는 것뿐
이다. 만약 협력자들이 어떤 계획을 실행하기로 합의했
고 그 계획이 의도한 결과를 가져다준다면 말이다. 계획
대로 되리라는 생각은 오만하고 비현실적이다. 복잡하
고 논쟁적인 상황에서 앞으로 나아가는 가장 합리적인
방법은 한 번에 한 걸음씩 내디디며 깨달음을 얻는 것뿐
이다.

따라서 거래나 합의를 하는 것이 스트레치 협력의
전부가 아니다. 스트레치 협력은 지속적이고 창발적인
과정이므로 합의보다 실행이 더 중요하다. 참가자들이
자유롭게 창의적으로 행동하고 행동을 통해 앞으로 나
아가는 환경을 만드는 것이 필수적이다. 의견이 일치하
고 서로 호감과 신뢰가 있어야 성공적인 협력은 아니다.
그것은 필수 사항이 아니다. 성공은 오도 가도 못하며 서

성이는 것이 아니라 다음 걸음을 내디딜 수 있음을 의미
한다.

　계획의 구상과 합의 그리고 실행이 스트레치 협력
의 전부가 아니다. 물론 계획을 수립하는 것도 유용하다.
계획에 너무 얽매이지 않고 효과적이지 않을 때 변화를
줄 수 있다면 말이다. 스트레치 협력은 불확실함과 논쟁
속에서도 앞으로 나아가는 것이다. 중국 공산당 지도자
였던 덩 샤오핑邓小平은 중국이 사회주의 시장경제로 변
화를 추구하는 접근법을 매우 인상적인 이미지로 표현
했다. "우리는 돌을 더듬으면서 강을 건너고 있다."[8]

　그룹 구성원이 계획이 아니라 전진을 중요시해야
한다는 원칙은 경영학 문헌에도 잘 나와 있다. 전형적일
지도 모르지만 미국의 조직 이론가 칼 웨이크Karl Weick는
스위스에서 이루어진 한 부대의 군사 작전에 관해 이야
기한다.

　알프스산맥에 있는 소규모 헝가리 파견대의 젊은 중위
　는 꽁꽁 언 산속으로 정찰 부대를 내보냈다. 곧바로 내
　리기 시작한 눈이 이틀이나 계속되었고 부대는 돌아오
　지 않았다. 중위는 대원들을 죽음으로 몰아넣었다는 생
　각에 괴로워했다. 그런데 사흘째 되는 날 부대가 돌아왔

다. 그들은 과연 어디에 있었고 어떻게 돌아왔을까? 정찰 부대는 길을 잃었다는 생각에 마지막을 예감하고 그저 기다렸다고 했다. 그런데 한 명이 주머니에서 지도를 발견했다. 그러자 모두가 침착해졌다. 야영하면서 눈보라를 견뎌냈다. 지도 덕분에 사기를 되찾아 무사히 돌아올 수 있었다. 중위는 지도를 받아 자세히 살펴보았다. 놀랍게도 그것은 알프스산맥의 지도가 아니라 피레네산맥의 지도였다.[9]

칼 웨이크는 사람들이 앞으로 나아가는 방법을 찾는 것은 좋은 지도나 계획 덕분이 아니라고 말한다. "일단 행동을 시작해서 어떤 맥락에서든 눈에 보이는 결과가 만들어지면 상황이 파악되고 앞으로 무엇을 해야 하는지 알 수 있다." 명확한 비전이나 목표가 없어도 된다. 문제 상황을 함께 이겨내려고 한다는 공동 의식만 있으면 된다. (정찰 부대의 공동 의식은 눈보라에서 살아남는 것이다.) 일반적으로 협력 팀의 진전은 합의한 목표를 이루는 탁월한 계획을 신중하게 실행함으로써 이루어지는 것이 아니다. 행동에서 배움을 얻음으로써 진전이 이루어진다. 일이 잘 돌아간다면 (부대원처럼) 희망과 경계심, 활기, 유연성, 상호 지지가 행동을 돕는다.

캐나다의 경영학 교수 헨리 민츠버그Henry Mintzberg
는 이 원칙을 한 단계 더 끌어올렸다. 민츠버그는 전략을
실행하는 데 정반대되는 두 가지 방법이 있다고 말한다.
어떤 목적을 실현하는 의도적인 전략과 목적이 없어도
실현되는 예기치 못한 전략이다. 그는 완전히 의도적인
전략을 실행하거나 실행할 수 있는 관리자는 많지 않다
고 본다.

전략, 즉 행동 패턴이 의도대로 정확하게 실현되려면 최
소한 세 가지 조건이 충족되어야 한다. 첫째, 조직에 정
확한 목적이 존재하고 그것이 구체적이고 상세하게 표
현되어 바라는 바를 의심 없이 정확히 아는 상태로 행동
할 수 있어야 한다. 둘째, 조직은 집단행동을 뜻하므로
어떤 의도가 조직적인지 아닌지 의심을 없애려면 사실
상 모든 행위자에게 보편적이어야 한다. 본인이 의도하
거나 일종의 규제 반응으로 지도자의 의도를 수용한 것
이거나 상관없이 말이다. 셋째, 집단의 의도가 정확히 의
도한 대로 실현되어야 한다. 시장, 기술, 정치와 같은 외
부의 힘이 개입되지 않아야 한다. 다시 말해서 환경이 완
전히 예측 가능하고 유순하거나 조직의 완전한 통제하
에 놓여야 한다. 이 세 가지 조건에 부합하기는 매우 어

려우므로 조직에서 완벽하게 의도적인 전략을 찾기가
어렵다.[10]

　단순한 조직의 내부에서도 이 조건이 충족되기 어
렵다면 여러 조직이 얽힌 복잡하고 갈등 많은 상황에서
는 절대로 충족될 수 없다. 따라서 스트레치 협력에서는
의도적이 아닌 창발적인 과정을 통해 앞으로 나아간다.
　창발적 전략은 실험으로 구현된다. 효과적이라고
생각하는 아이디어를 시도하고 결과를 통해 배운다. 신
속 조형 기술rapid prototyping(제품 개발에 필요한 시제품을
빠르게 제작할 수 있는 시스템—옮긴이) 같은 디자인 기
반의 방법론을 이용한다. 가정을 표현하고 시험하면서
심각성이 낮고 고치는 비용도 적게 들도록 초반부터 오
류를 찾는다. ("일찍 실패하고 실패하며 나아가라.") 실
수는 실패가 아니라 성공이다. 실패는 행동이 아니므로
배움을 얻을 수 없고 행동을 미루는 것이므로 더 크고 값
비싼 실수로 이어진다. 마약 퇴치 프로젝트도 이런 식으
로 이루어졌다. 보고서를 자잘하게 수정하고 단 하나의
권고 정책이 아닌 여러 가지 미래 시나리오를 만들었으
며 실험에 중점을 둔 하나의 시나리오를 소개하면서 작
업했다.

창의성에는 부정의 능력이 필요하다

실험 과정은 창조 과정이다. 내 동료인 예술가 제프 바넘Jeff Barnum은 파블로 피카소가 투우사 그림을 그리는 타임랩스 사진으로 만든 영상[11]을 보여주면서 그 원칙을 알려주었다. 피카소는 우선 캔버스에 대략적인 선을 그린 후 정교함과 채색을 추가한다. 계속 수정하고 색칠한다. 어느 시점에서는 아름답게 그려진 중앙의 황소 머리를 없애버린다. 바넘은 설명한다.

> 창조 과정은 발견의 과정이다. 이미 보거나 아는 것을 마음에 투영하는 것이 아니다. 예술가는 이미 완성된 머릿속 그림을 그리지 않는다. 예술가는 분명한 매체 안에서, 그 본질적인 속성의 한계 안에서 영감과 부합하는 매체의 방식을 찾는다. 피카소는 창조하기 위해 기꺼이 파괴한다. 부분에 집착하느라 전체가 만들어지지 못하는 경향을 맹렬하게 극복하려면 맹렬하게 내려놓아야 한다. 피카소는 아름다운 얼굴이나 멋진 손을 추구하지 않는다. 그는 구체적인 생각과 감정을 전달하는 전체적인 작품을 추구한다. 그는 그 기능을 수행하는 형태를 찾는다. 여기에서 필요한 내적 행위는 효과적이지 않은 것을 내려놓는 용기와 새로운 해결책을 제안하는 대담함이다.

바넘과 나는 이 원칙을 MIT 경제학 교수 오토 샤머 Otto Scharmer의 'U 이론Theory U'[12]과 연결했다. U자는 자각 에서 발현으로 움직여 창조가 이루어진다는 뜻이다. 이 움직임은 직접적인 직선 경로를 따르지 않는다. 바넘은 시작점에서는 앞으로 무엇이 만들어질지 알 수 없으며 U자 아랫부분 모퉁이 정도에 이르러서 알 수 있다고 말 한다. 이루고자 하는 것은 알지만 방법은 알지 못한다. 요즘 창의성이라는 단어는 너무 막연하게 사용되는 경 향이 있다. 존재하지 않는 것을 만든다는 필수적인 의미 가 잊혀버렸다. 마약 퇴치 프로젝트는 그전에는 없었던 공식적인 국제 정책 토론을 탄생시켰다.

앞으로 나아가는 길을 창의적으로 발견하려면 무언 가를 시도하고 뒤로 물러나 결과를 살피고 변화를 주고 계속 반복하는 방식이 필요하다. 나는 책을 쓰면서 이 방 식을 배웠다. 무슨 내용을 쓰고 싶은지 몇 달을 생각해도 소용없다. 실제로 글을 쓰기 시작하고 쓴 글을 살펴봐야 감이 잡힌다. 어디를 고치고 앞으로 무엇을 써야 할지 알 수 있다. 나쁜 글을 수백 번 고쳐 써야 좋은 글이 나온다.

이런 방식으로 일하려면 두려움("난 실패작이야!") 이나 집착("이 방법이 옳지 않으면 안 돼!")을 버리고 부 족한 결과물을 바라볼 수 있어야 한다. 희망 사항이 아

니라 있는 그대로 현재 상황에 집중해야 한다. 언제 어
떤 결과가 나올지, 아니, 과연 성공할 수 있을지도 알 수
없는 불편한 대립 상황에서 평정을 유지할 수 있어야 한
다. 시인 존 키츠John Keats는 이것을 '부정의 능력negative
capability'이라고 불렀다. 키츠는 이것을 "사실이나 이성에
연연하지 않으면서 불확실성, 신비, 회의 속에서 편안하
게 있을 수 있는 능력"이라고 설명했다.[13] 그동안 배운 계
획-동의-실행 모델에서 벗어나 '불확실성, 신비, 회의'를
편안하게 받아들이고 앞으로 나아가려면 나에게 스트레
치가 필요했다.

　　스트레치 협력이 어렵게 느껴지는 이유는 인내심과
여유를 가지고 실험과 반복을 해야 하기 때문이다. 게다
가 자신에게 중요한 목표를 위해 실수가 드러날지도 모
르는 위험을 무릅써가며 화가나 시인처럼 혼자 작업하
고 적이나 반대자와도 함께 일해야 한다.

확실성이 아니라 가능성에 귀 기울여라

마약 퇴치 프로젝트 팀이 새로운 정책의 선택지를 함께
구상하고 표현하고 실행할 수 있었던 것은 열린 태도로
서로의 생각에 귀 기울인 덕분이었다. 개방적 경청open
listening은 앞으로 나아가는 길을 실험하는 문화가 만들

어지기 위해 꼭 필요하다.

　개방적 경청은 아직 분명하지 않은 선택지를 발견하게 해준다. 새로운 것을 알아차리는 능력을 가꾼다는 뜻이다. 서구에 동양 불교의 선 사상을 처음 소개한 스즈키 순류鈴木俊隆 선사는 "시작하는 사람의 마음에는 많은 가능성이 있지만 숙련된 사람의 마음에는 가능성이 아주 조금밖에 없다"[14]라고 했다.

　《통합의 리더십》을 집필할 때 베티 수 플라워스가 말했다. "새로운 유형의 경청에 관한 글을 쓴다니 기쁘네요. 대부분 사람은 듣기가 한 가지 종류가 아니란 걸 모르거든요. 세상에 여자도 한 종류가 아닌 것처럼요." 우리는 창조적이고 남성적인 기능은 개방적인 자세로 바라보지만 수용적이고 여성적인 기능은 그렇지 않은 경향이 있다. 협력의 창의성을 높이는 핵심 열쇠는 협력자들이 열린 자세로 경청하는 것에 달려 있다.

　내가 경험한 창조적 경청으로의 변화를 가장 잘 보여주는 사례는 1998-2000년의 비전과테말라 팀이었다. 팀은 집단 학살이 자신들이 원하는 시나리오, 즉 단 하나의 가능한 비전이나 계획이 아니라는 점에 동의한 후 국가의 진보에 크게 이바지할 수 있었다. 전투 부대원 출신을 비롯한 그룹의 매우 이질적인 구성원은 몇 해에 걸쳐 다양한 환경과 프로젝트에서 함께 앞으로 나아가는 길을 찾았다. 서로 관계를 맺는 방식, 특히 서로에게 귀 기울이는 방식을 바꾸었기에 가능했다.

미국의 학자 카트린 카우퍼Katrin Käufer가 이끄는 연구진은 비전과테말라 팀의 구성원을 면담해 그들의 작업 경험을 분석했다.[15] 그 결과 팀원들의 대화와 경청 방식이 카우퍼의 동료인 오토 샤머가 고안한 모델과 일치한다는 사실이 드러났다.[16] 그 모델에 따르면 말하기와 듣기에는 사고의 시점에 따라 네 가지 방식이 있다. 하나의 전체 혹은 다수의 부분에 우선순위를 두는지, 기존의 현실 재현 혹은 새로운 현실 실현에 우선순위를 두는지가 다르다. 우리는 다른 환경에서 다른 순서로 이 네 가지 방식을 의도적으로나 습관적으로 활용한다.

첫 워크숍이 시작되었을 때 비전과테말라 팀원은 상호 불신이 심하고 참여 의지가 낮았다. 프로젝트 책임자 엘레나 디에스 핀토Elena Díez Pinto는 당시를 이렇게 회상했다.

첫 회의가 시작되기 전에 모두 함께 점심을 먹기로 한 호텔에 도착했을 때, 가장 먼저 눈에 들어온 것은 원주민, 군사 관계자, 인권 운동가가 저마다 따로 끼리끼리 앉아 있는 모습이었다. '서로 말도 안 하겠구나' 싶었다. 과테말라에서는 예의를 지키는 것이 중요하다고 배운다. 예의를 차리느라 속으로 'No'라고 생각해도 겉으로는 'Yes'라고 한다. 서로 예의를 차리느라 진짜 문제가 수면에 떠오르지도 않을 것 같아 걱정스러웠다.

이것이 오토 샤머가 다운로딩downloading(내려받기)이라고 명명한 말하기와 듣기의 첫 번째 방식이다. 다른 사람의 말은 듣지 않고 오직 내 이야기만 듣는 상태다. ("아, 그거라면 이미 알고 있어.") 다운로딩과 관련된 말하기는 항상 하는 말만 한다. 그것만이 진실이기 때문에 혹은 말해도 안전하거나 정중하므로 말한다. 전체는 (목표도 팀도 전략도) 하나라고 주장하고 다른 것은 무시하거나 억압한다. 다운로딩은 전문가, 근본주의자, 독재자 등 오만하거나 분노와 두려움으로 가득 차 있는 사람들이 보이는 전형적인 행동이다. 생각도 다르고 호감도 신뢰도 없는 사람들 간의 스트레치 협력은 항상 다운로딩 단계에서 시작한다. ("사실은 바로 ……입니다.")

비전과테말라 팀의 첫 번째 워크숍에서 팀원들은 국가의 상황에 대해 서로 다른 관점을 내놓았다. 팀원 곤살로 드 빌라Gonzalo de Villa는 이렇게 회상했다.

첫 번째 세션의 첫 단계는 상당히 부정적이었다. 모두가 근래에 큰 타격을 받은 사건들에 관해서만 이야기했다. 매우 비관적인 분위기가 조성되었다. 갑자기 한 젊은 남자가 일어나 아주 직접적으로 비관적인 분위기에 의문을 던졌다. 중요한 변화가 시작된 순간이었다. 나중에도 우리는 그 순간을 계속 그렇게 칭했다. 그 젊은이가 갑자기 우리를 '늙은 비관주의자들'이라고 부른 것이 중요한 역할을 했다.

말하기와 듣기의 두 번째 방식은 토론debating이다. 마치 토론회나 법정의 판사처럼 외부에서 사실적이고 객관적으로 듣는 단계다. ("이건 사실이고 그건 사실이 아니야.") 토론과 관련된 말하기는 바로 생각의 충돌이다. 저마다 자기 생각을 이야기한다. 이기거나 지는 생각과 사람이 생긴다. 이 단계는 다운로딩보다는 개방적이다. 사람들이 서로 다른 관점을 표현하고 그것은 각자의 견해일 뿐 진실은 아님을 인식하기 때문이다. ("내 생각에는…….")

비전과테말라 팀의 두 번째 워크숍에서 팀원들은 내전에 관한 어려운 대화를 시작했다. 은퇴한 육군 장군 훌리오 발코니Julio Balconi는 자신이 내전에서 한 일을 다

른 사람들에게 이해시키느라 애를 먹었다. 대부분이 동
정하지 않는 관점이었다. 평화 협정의 실행을 감독하는
평화부 장관 라켈 셀라야Raquel Zelaya가 그에게 몸을 기울
여 말했다. "여자와 아이들을 학살하기 위해 군사학교에
들어가는 사람은 없다는 걸 저도 알고 있습니다."

　　말하기와 듣기의 세 번째 방식은 대화dialoguing다. 자
아의 경계선 밖에서 다른 사람의 말을 주관적으로 듣고
공감할 수 있는 단계를 말한다. ("당신의 말을 이해합니
다.") 대화와 관련 있는 말하기는 자기 성찰적이다. ("내
경험에 따르면⋯⋯.") 저마다 힘과 사랑을 행사하는 다
수의 홀론을 다루며 새로운 가능성을 받아들이는 단
계다.

　　앞서 비전과테말라 워크숍에서 로널드 오차에타가
거대한 무덤의 발굴 현장을 지켜본 이야기를 했을 때 5
분간 침묵이 감돌았다고 소개했다. 나중에 팀원들도 자
주 언급한 순간이었는데 누군가는 "합일"의 순간이라고
표현했다.

　　말하기와 듣기의 네 번째 방식은 실존 체험presencing
이다. 이것은 만들어지는 무언가를 자각하는 것pre-sensing
과 현재에 머무르는 것present을 합친 신조어다.[17] 자신이
나 상대방의 경계선 안쪽이 아니라 더 커다란 시스템에

말하기와 듣기의 네 가지 방법

새로운 현실 창조

실존 체험	대화

"지금 내가 알아차린 바는
…… 입니다"

"내 경험에 따르면……"

전체 우선 ――――――――――――――――――――――――――――― 부분 우선

"사실은 바로
…… 입니다"

"내 생각에는……"

다운로딩	토론

기존 현실 재현

서 생각이나 사람에 귀 기울인다. ("지금 내가 알아차린
바는 ……입니다.") 실존 체험이 이루어지는 집단에서
는 사람들 간의 경계선이 사라져서 개인이 집단이나 시
스템 전체의 관점에서 말하므로 다른 사람들도 집단이
나 시스템 전체의 의견에 귀 기울이는 것이 된다. 오차에
타는 비전과테말라의 핵심 구성원은 아니었다. 하지만
팀원들은 그가 들려준 이야기를 개인의 이야기로 생각
하지 않았다. 과테말라의 현실을 보여주는 중요한 측면

이므로 관심을 쏟고 조처해야 한다고 생각했다.

프로젝트 책임자 디에스 핀토와 나는 그 5분의 침묵에 담긴 의의에 관해 깊은 대화를 나누었다. 그녀는 과테말라 원주민 키체족K'iche'의 성서 《포폴 부Popol Vuh》의 한 구절을 인용했다. "우리는 의견을 같이 내놓지 않았다. 목적을 같이 내놓았다. 그다음에 합의하고 결정했다." 그녀와 나는 오차에타의 이야기를 통해 팀원들이 개인의 의견과 경험을 초월해 공동의 목적을 발견하게 되었고 그 덕분에 의견 차이에도 불구하고 오랫동안 함께 일할 수 있었다고 생각했다. 실존 체험은 개인의 전체를 포함하고 초월하여 전체의 가능성을 알아차리는 공동의 의식이다.

네 가지 방식의 말하기와 듣기는 모두 타당하고 유용하다. 한 가지 방식만 쓰지 말고 네 가지를 자유자재로 왔다 갔다 할 수 있어야 한다. 다운로딩과 토론만 하면 똑같은 현실이 재현된다. 지금까지와 똑같은 생각만 하고 지금까지와 똑같은 행동만 할 것이다. 새로운 현실을 창조하고 싶다면 대화와 실존 체험도 해야 한다.

7장

세 번째 스트레치, 발을 내디뎌보기

우리는 이미 적을 만났다.
그 적은 바로 우리 자신이다.
—월트 켈리Walt Kelly(미국의 만화가)[1]

세 번째 스트레치는 가장 크다. 사이드라인에서 본게임으로 들어가야 하기 때문이다. 복잡한 상황에서 중요한 과제를 완수하려면 마냥 서로를 지켜보고 탓하고 회유만 할 수는 없는 노릇이다. 발을 내디뎌야 한다.

　　전통적인 협력에서는 다른 사람의 방식을 바꾸는 것에 초점을 맞춘다. 이 다른 사람은 협력 범위 밖에 있는 이들일 수도, 집단행동의 대상일 수도, 행동을 바꾸길 바라는 동료일 수도 있다. 이런 방식은 단순하고 통제 가능한 상황에서는 효과적이다. 다른 사람의 행동을 바꿀 수 있을 때 말이다. 하지만 복잡하고 통제되지 않는 상황에서는 자신의 행동으로 초점을 옮겨야 한다. 내가 현재 상황에 어떤 영향을 끼치고 있으며 상황이 바뀌려면 내가 어떻게 달라져야 하는지 주목해야 한다. 발을 내디딘다는 것은 거리와 자율성은 줄어들고 연결과 갈등은 많아진다는 뜻이다. 흥미진진하면서도 두렵게 느껴질 수도 있다.

저들은 바뀌어야 해!

나는 2005년과 2006년에 인도의 아동 영양실조를 줄이고자 대담한 협력에 참여한 리더 중 한 명이었다. 바비샤얼라이언스Bhavishya Alliance는 인도 정부 기관, 유엔아동기금United Nations Children's Fund, 다국적 및 인도 기업, 현지 비정부 및 지역 단체를 포함한 26개 조직으로 구성되었다. 그 조직들에서 보낸 56명의 직원이 '사회실험실social laboratory'에 배치되어 8주간 전일제로 일했다. 영양실조를 줄이는 최초의 혁신적인 조직 간 공동 계획안을 내놓는 것이 과제였다. 바비샤얼라이언스는 도전에 성공한 후 6년 동안 인도의 영양실조 문제에 중대한 영향을 준 프로젝트를 함께했고 부문 간 협력의 중요한 본보

기가 되었다.[2]

하지만 내가 바비샤얼라이언스를 통해 배운 것은 첫 8주 동안 겪은 실패를 통해서였다. 사회실험실은 많은 기대와 압박감 속에서 출발했다. 그 복잡한 프로젝트가 시작되기까지 참여 조직들이 많은 투자를 했다. 나조차도 당황스러울 정도로 너무나 복잡한 프로젝트였다. 기업가이자 공무원인 아룬 마이라Arun Maira에게 도대체 프로젝트의 목적이 무엇이냐고 조언을 구한 적도 있다. 그때 그가 말했다. "이 사실을 알아야 합니다. 한 무리의 이해관계자 리더가 어떤 문제를 함께 해결하려고 할 때, 모두가 상대방의 생각과 행동만 바뀌면 문제가 해결되리라고 생각한다는 것을요. 한 사람도 빠짐없이 모두가 그렇게 생각합니다. 하지만 모든 이해관계자가 개입할 때는 다른 사람의 잘못만일 수가 없어요! 각양각색의 리더들이 자신의 변화를 고려하게 만드는 것이 진짜 혁신입니다."

계획안을 내놓아야 하는 날짜가 다가오면서 스트레스도 심해졌다. 프로젝트가 성공하지 못할까 봐 걱정스러워 내 리더십도 억압적이고 단호해졌다. 팀원들과 점점 멀어지고 상황에 대한 이해와 신중한 대처 능력도 약해졌다. 하지만 계획대로 더욱더 단호하게 밀어붙이면 목표 지점에 도달할 수 있으리라고 생각했다.

8주 일정의 마지막 날, 참여 조직의 대표들(실험에 참여한 팀원들의 상사)에게 네 가지 계획안을 제안하는 회의가 열렸다. 우리는 열심히 일했고 지쳤지만 이루어 낸 성과가 만족스러웠다.

하지만 대표들의 생각은 달랐다. 몇몇은 우리의 제안을 비판하며 타당성과 실행 가능성에 의문을 제기했다. 결국 한 가지도 승인받지 못했다. 팀원들은 혼란에 빠졌고 괴로워했다. 나도 충격이 컸다.

팀원들은 예상하지 못한 속상한 결과에 대해 사흘 동안 자세한 이야기를 나누었다. 모두 실망과 상처가 컸다. 잘못된 결과에 대해 나를 탓하는 사람들도 많았다. 그런 굴욕감과 분노를 느낀 적은 처음이었다.

인도를 떠나 집으로 돌아갔다. 그 후 몇 달 동안 하루도 빠짐없이 내가 받은 억울한 대우를 곱씹었고 복수하는 상상도 했다. 물론 내 실수도 있었고 대처하는 방법이 바뀌어야 한다는 것도 알았지만 내가 부당한 희생양이며 그 사람들도 바뀌어야 한다고 생각했다. 그들이 바뀌지 않는 한 내가 바뀔 필요는 없다고 여겼다.

그러던 어느 날 오스트리아의 철학자 마르틴 부버 Martin Buber가 쓴 소논문에서 다음 문단을 발견했다.

자신을 스스로 변함으로써 세상의 변화를 돕는 진실한
사람이 아니라, 다른 개인과 대조되는 개인으로만 바라
보는 관점에는 근본적인 오류가 있다. 자신부터 시작하
는 것이 매우 중요하다. 이 순간이야말로 인간이 세상에
서 가장 신경 써야 할 부분이다. 다른 태도는 주의를 흩
뜨리고 주도권을 약화시키며 대담한 시도 자체를 방해
한다.[3]

이 글을 읽으면서 내가 이 근본적인 오류를 저질렀
음을 깨달았다. 나는 해야만 하는 일에 집중하지 않았다.
내가 적으로 인식한 사람들의 행동에 초점을 맞추는 것
은 유익하지 않았다. 눈앞의 난제를 효과적으로 해결하
기 위해 내가 해야 할 일에 집중했어야 했다.

이 행동 패턴은 나 자신은 물론 다른 사람에게서도
자주 나타났다. 우리는 난관에 부딪혔을 때 가장 먼저 남
이 무엇을 하거나 하고 있지 않으며 해야만 하는지 집중
한다. 아룬 마이라의 말처럼 습관적으로 '저들이 바뀌어
야 해!'라고 생각한다. 우리가 바뀌기를 원하는 사람은
멀리 혹은 가까이에 있을 수도 있다. 특정한 개인일 수도
얼굴 없는 대중일 수도 있다. 친구일 수도 적일 수도 있
다. 영국의 유머 작가 제롬 클랩카 제롬Jerome Klapka Jerome

은 이렇게 적었다. "나는 일을 좋아한다. 일은 매혹적이다. 자리에 앉아서 몇 시간이고 들여다볼 수 있다."[4] 남 탓하기는 자기가 할 일을 피하려는 흔하고도 게으른 방법이다.

사람들이 협력에 관해 가장 자주 하는 질문은 이것이다. "어떻게 하면 상대가 무엇을 하게 만들 수 있나요?" 이 질문에는 계층적인 흑백 사고방식이 드러난다. 우리 대 그들, 친구 대 적, 영웅 대 악당, 선 대 악, 무죄 대 유죄. 하지만 비계층적이고 비통제적인 스트레치 협력에서는 누군가에게 무엇을 강요할 수 없으므로 다른 접근법이 필요하다.

우리는 자신을 방어하기 위해서도 정의하기 위해서도 남을 탓하고 적화한다. 자신을 주변에서 일어나는 드라마의 주인공이라고 생각하는 자기중심적인 관점으로 세상을 바라보므로 난관에 부딪혔을 때 개인적인 공격이라고 여겨서 자신을 방어하려는 반응을 보인다. 상처 받을까 봐 두려워서 상대와 자신을 분리하고 자신이 맞고 상대는 틀렸다고 주장하며 방어한다. 그들과 협력하면 악영향을 받거나 타협해야만 한다고 생각한다. 자신의 신념과 자아에 어긋날까 봐 두려워한다.

프랑스 철학자 르네 지라르Renè Girard는 《레이븐리

뷰*Raven Review*》에 실은 글에서 우리가 적을 만드는 이유는
공동체나 자기 안에서 갈등을 회피하기 위함이라고 말
한다.

> 우리는 …… 자신의 폭력성을 외부 공동체의 희생양에
> 투영함으로써 내면의 갈등을 제어한다…… 희생양의 성
> 공적 활용은 공동체가 그 '적'을 문제 혹은 해결책으로 여
> 기는 것에 달려 있다. 적이 파멸하거나 퇴출당하면 [공동
> 체는] 안도감을 느끼고 차분함을 되찾는다. 하지만 퇴출
> 당한 희생양은 갈등의 진짜 원인도 해결책도 아니므로
> 차분함은 일시적일 뿐이다…… 우리의 정체성, 특히 자
> 신이 선한 존재라는 의식은 자신이 아닌 누군가나 무언
> 가에…… 반대하는 것에 달려 있을 때가 많다…… 내가
> 선하다는 것을 알려면 다른 사람이 악해야만 한다. 그들
> 이 실제로 악한지 어떤지는 상관없다.[5]

적화의 문제는 적이 사실은 존재하지 않는다는 것
이 아니다. 우리는 어려움과 위험을 제시하는 사람이나
상황을 자주 마주친다. 게다가 세상을 바꾸려고 노력하
다 보면 거북함과 저항, 반대가 나오기 마련이다. 적화의
진짜 문제는 주의를 산만하게 하고 균형을 무너뜨린다

는 점이다. 힘들고 곤란한 대상을 아예 피할 수는 없다. 따라서 그런 상황에 놓였을 때는 그저 자신이 무엇을 해야 하는지에만 집중해야 한다.

문제의 일부가 아닌 사람은 해결책도 될 수 없다

어떤 상황에 대한 자신의 관계와 역할을 이해하는 방법은 두 가지가 있다. 하나는 자신의 역할이 무대에 선 배우들에게 지시를 내리는 연극 감독 혹은 연극을 보는 구경꾼이라고 생각하는 것이다. 자신은 상황의 바깥쪽에 위치하며 위에서 상황을 만든다고 보는 시각이다. 배우들은 연극의 창조자이지만 감독은 최고 지도자 혹은 슈퍼-창조자다.

또 다른 방법은 자신의 역할을 배우 혹은 '관객'이라고 보는 것이다. 브라질 연극 감독 아우구스토 보알 Augusto Boal의 작품처럼 연극에 직접 참여하고 무대에서 이루어지는 행동에 영향을 끼치는 관객을 말한다.[6] 자신이 상황의 일부분으로 그 안에 놓여 있다고 보는 것이다. 상황을 함께 만들어나가는 참여자 중 한 명이다.

스트레치 협력에서 우리는 공동 창조자다. 자신의 균형을 잡는다면 상황에 영향을 끼치기 위해 무엇을 할 수 있는지 현명한 판단을 내릴 수 있다.

  자신을 간과하면 균형이 무너진다. 자신이 아니라
남이 무엇을 해야 하는지에 집중하면 안 된다. 후자에서
전자로 주의를 옮기면 해방감을 얻고 자신에게 행위 주
체성을 부여할 수 있다. 변화에 영향을 끼치는 직접적인
기회가 생긴다. 성공 가능성이 낮은 남 탓하기나 강요,
회유, 기다림에 의존하지 말고 자신이 할 일을 계속한다.
  자기 할 일을 계속하려면 자신의 역할과 책임을 알
고 인정해야 한다. 리더십 학자 빌 토버트Bill Torbert가 이
런 말을 해준 적이 있다. "사회 운동가들 사이에 전해 내
려오는 '문제의 일부가 아닌 사람은 해결책의 일부다'라
는 말에는 중요한 핵심이 빠졌습니다. 문제의 일부가 아
니면 해결책의 일부도 될 수 없다는 사실이지요." 자신
의 행동이 상황에 영향을 끼친다는 사실을 알지 못하면
위에서의 강제 말고는 상황을 바꿀 방법이 없다.
  따라서 스트레치 협력에는 자신이 해결하고자 하는
상황과 따로 떨어져 있는 것이 아니라 상황의 일부라고
보는 시선이 꼭 필요하다. 집에 늦는 이유를 '정체된 도
로에 있기 때문'이라고도 말할 수도 있고 '내가 있는 도
로가 정체되었기 때문'이라고 말할 수도 있다. 후자는 타
인과 함께 상황을 바꾸는 선택지를 분명하게 열어준다.
  반대로 자신을 세상의 중심으로 보는 시선도 균형

을 무너뜨린다. 자기중심적이라는 것은 자기 관점과 행
동의 정확성과 가치를 오만하게 과대평가하고 타인은
과소평가한다는 뜻이다. 그러면 협력에 차질이 생긴다.
상황이 어떻고 내가 무엇을 해야 하는지에 관한 판단이
왜곡되어 타인과 갈등이 발생한다.

　　자신의 위치와 정체성을 잃을까 봐 두려우면 자기
중심적이 된다. 어떤 일에 실패할까 봐 두려울 뿐만 아니
라 자신이 실패작이 될까 두렵다. 전문가, 전문직, 권위,
지도자, 영웅 등 우리가 소중하게 여기는 정체성도 협력
을 방해한다. 정체성이 우리를 다른 사람들의 위에 올려
놓거나 따로 떨어뜨리기 때문이다. 생각도 다르고 호감
도 신뢰도 없는 사람들과 협력하려면 동료나 동등한 존
재로서 어깨를 맞대고 동참해야 한다. 아냐 쾨네의 말처
럼 "존재 자체만으로 느끼는 우월감"을 버려야 한다.

　　아룬 마이라는 자기중심적인 태도의 위험성을 자주
일깨워주었다. 한번은 이렇게 꾸짖었다. "너무 개인적으
로 받아들이지 마세요. 자신이 해결해야 하는 일이라고
해서 자기중심적으로 생각하면 도움이 안 됩니다." 언젠
가 나는 그에게 우리가 하려는 대규모의 변화 과제가 과
연 효과가 있을지 어떻게 아느냐고 물었다. "자신이 변
화를 만들고 있다는 사실을 증명하려는 것은 이기적입

니다. '일은 네 것이지만 그 열매는 네 것이 아니다'라는 《바가바드기타*Bhagavad Gita*》의 구절을 기억하세요."**7** 이 조언은 통제할 수 없는 결과에 책임을 지지 않고서도 일에 최선을 다할 수 있는 해방감을 선사한다.

닭보다는 돼지가 되어라

세 번째 스트레치의 핵심은 바꾸고자 하는 상황에서 자신이 수행하는 역할에 책임을 져야 한다는 것이다. 즉 상황이 바뀌려면 내가 바뀌어야 한다는 책임을 느껴야 한다. 이러한 스트레치는 쉽지 않다. 상황에 온전히 개입함으로써 변화나 상처를 감당해야 하기 때문이다. 잘 알고 익숙하고 편안하고 안전한 것을 희생하려는 의지가 따라야 한다. 이런 말이 있다. "햄 오믈렛에 닭은 참여했지만 돼지는 헌신했다." 스트레치 협력을 하려면 닭이 아니라 돼지가 되어야 한다.

나는 15년 전에 파라과이인 동료 호르헤 탈라베라Jorge Talavera와 함께 몇몇 워크숍을 이끌었다. 내 스페인어 실력도 그의 영어 실력도 별로라서 우리의 대화는 짧고 간단명료했다. 우리는 갑자기 팀원들의 작업에 진전이 이루어지는 순간에 주목하게 되었는데 그것을 '클릭의 순간el click'이라고 불렀다. 상대가 아니라 자신이 변해야만 상황이 바뀔 수 있다는 것을 팀원들이 깨닫게 되는 순간이었다. 보통은 그 깨달음에 놀랐고 실망하는 사람도 많았다.

나는 클릭의 순간이 일에 끼치는 영향도 알 수 있었다. 게으르게 남 탓을 하면 불행하고 무기력해진다. 하지만 어떤 상황에서 내가 할 수 있는 일을 생각하고 전념하면 정신이 또렷해지고 기운이 난다. 항상 상황에 영향을 끼칠 수 있는 것은 아니지만 그럴 때가 더 많다. 자신을 내던져 몰입한 프로젝트일수록 (바비샤얼라이언스를 포함해 앞서 소개한 예시) 영향력도 컸고 가장 많은 가르침을 주었다.

게임에 발을 내디디려면 자기 자신에게 주의를 기울여야 한다. 남 탓을 하고 있다면, 남이 무엇을 해야 하고 어떻게 바뀌어야 하는지에만 신경 쓰고 있다면, 주의를 자신에게 돌려야 한다. 내가 어떻게 하고 있고 어떻게 변해야 하는지 생각해야 한다. 물론 타인에게 영향을 끼쳐야 할 때도 있지만 자신이 상황의 일부분임을 알고 그 부분을 바꾸는 책임을 져야 한다. 타인에게 주의가 쏠리면 간단한 질문을 떠올려보자. 내가 다음에 할 일은 무엇인가?

결론

스트레치 배우기

이 책《협력의 역설》은 좀 더 집단적인 행동과 개인적인 책임이 필요하다고 강조한다. 집과 일터, 지역 및 국내외 문제 등 모든 영역에서 과제를 완수하려면 동료와 친구뿐 아니라 적과 반대자와의 협력이 점점 중요해지고 있다. 복잡하고 대립적이고 통제되지 않은 환경에서 협력할 때는 스트레치를 배워야 한다. 지금까지는 스트레치의 이론만 제시했다. 마지막 장은 이론을 실천에 옮기도록 도와줄 것이다.

　스트레치 협력은 타인과 함께 일하는 비전통적인 방법으로 기본적으로 세 가지 변화가 필요하다.

　첫 번째 스트레치는 갈등과 연결을 받아들임으로써 한 가지가 아닌 두 가지 상호 보완적인 동력을 행사해야 한다는 것이다. 주장으로 표현되는 자기실현 동력인 힘과, 참여로 실현되는 재통합 동력인 사랑이다. 이 두 가지 동력을 동시가 아닌 교대로 활용해야 한다.

두 번째 스트레치는 앞으로 나아가는 법을 실험하면서 다운로딩과 토론만 활용해 현재 상태를 강화하지 말고 대화와 실존 체험을 활용해 새로운 가능성이 나오게 해야 한다는 것이다. 말하기와 특히 듣기가 개방적으로 이루어져야 한다.

세 번째 스트레치는 발을 내디디는 것이다. 상황의 바깥쪽이나 위쪽에서 상대방을 바꾸려 하지 않고 직접 행동을 개시해 스스로 바뀌려고 해야 한다는 뜻이다.

대부분 사람들은 스트레치를 낯설고 불편하게 느낄 것이다. 뿌리 박힌 행동을 바꿔야 하기 때문이다. 새로운 행동을 익히려면 계속 연습해야 한다. 연습을 시작하려면 몇 가지 단순하고 새로운 행동을 시도해보고 효과적인 부분과 그렇지 않은 부분을 살펴보면서 수정하고 반복하면서 계속 쌓아나가야 한다. 이런 연습법에는 호기심과 열린 태도가 수반되어야 한다. 즉흥 연극과 마찬가지로 실행하는 도중에 변화를 주어야 한다. 확고한 자기 성찰을 통해 자신의 행동과 영향을 살펴보고 자신을 잘 알고 도와주고자 하는 동료와 친구 들의 피드백도 얻어야 한다.

다음은 세 가지 스트레치를 연습하는 6주 프로그램

이다.[1] 준비물이 필요하다.

- ☐ 새로운 행동을 시도해보려는 의지
- ☐ 유머 감각
- ☐ 공책과 펜(다른 메모 도구도 가능)
- ☐ 동료나 친구

여기서는 동료들의 피드백을 얻으며 혼자 실행한다는 전제로 설명한다. 다른 사람 혹은 그룹과 함께 실행해도 된다. 다른 사람들의 경험에서 배움을 얻을 수 있을 것이다.

이 연습법에서는 매일 관찰하고 깨달은 내용을 기록하는 것이 중요하다. 공책이나 휴대전화, 컴퓨터 등을 이용해 편한 방법으로 기록하면 된다. 매일 돌아보는 시간을 갖는 것이 중요하다. 현재 행동을 의도적으로 의식하는 것은 새로운 행동을 만들기 위해 필수적이기 때문이다. 매일 밤 평소 쓰는 일기장에 기록해도 좋다. 전체적인 그림을 파악하고 싶다면 연습법을 처음부터 끝까지 읽어보고 시작해도 된다. 일단 시작하고 해나가면서 파악해도 된다.

1주　첫 번째 스트레치

힘과 사랑의 기준선을 정하라

---

(1) 평소 집과 일터, 공동체에서 협력(다른 사람과 함께 일하기)
에 사용하는 시간이 어느 정도인지 생각해본다. 협력에서 힘
과 주장을 주로 행사하고 사랑과 참여는 부수적으로 행사하
는 시간이 얼마인지, 그 반대의 시간은 얼마인지 계산한다.
(다 합쳐서 100퍼센트가 되어야 한다.) 희망 사항이 아니라
현재의 행동을 정확하고 솔직하게 평가한다.

　↳ 힘과 주장을 주로 활용하는 비율은 얼마인가?

　↳ 사랑과 참여를 주로 활용하는 비율은 얼마인가?

　↳ 두 가지 행동 방식 가운데 무엇이 더 편하게 느껴지는가?

　↳ 집이나 일터, 공동체 등 환경에 따라 활용하는 행동 방식이 달
라지는가?

(2) 동료에게 위 질문에 답해서 나를 평가해달라고 한다.
(내 답을 보여주기 전에 부탁한다.)

(3) 동료를 만난다.

　↳ 서로의 답을 공유한다.

　↳ 동료의 평가를 들어본다.

　↳ 나와 동료의 평가가 다른 부분에 관해 이야기한다.

　↳ 메모한다.

ㄴ 이번 주가 지나고 다시 이야기 나누자고 한다.

⑷ 일주일 동안 다른 사람들과 일할 때 자신의 행동을 관찰한다. 매일 관찰하고 돌아본 내용을 기록한다.

⑸ 일주일이 끝난 뒤 내 관찰과 동료의 평가를 비교해본다. 깨달은 점을 적는다.

⑹ 내가 관찰하고 깨달은 점을 동료와 공유한다. 동료의 피드백을 얻는다.

2주 첫 번째 스트레치
힘과 사랑의 균형을 맞춰라
더 강한 동력을 약화하지 말고 약한 동력을 강화해야 한다

⑴ 첫 주에 더 약한 동력이 나타난 행동이 무엇이었는지 적는다. (참여와 주장 가운데) 활용은 적었지만 불편은 컸던 행동 방식을 말한다.

⑵ 세 가지 행동을 골라 이번 주에 연습한다. 약한 동력을 강화하는 것이 목적이다. 특히 강한 동력이 과도하게 행사되는 듯한 위험이 느껴질 때마다 약한 동력을 연습한다.

⑶ 연습할 행동을 동료에게 이야기하고 피드백을 부탁한다.

⑷ 다른 사람과 함께 일할 때 세 가지 행동을 연습한다. 매일 관찰하고 돌아본 내용을 기록한다.

(5) 일주일이 끝난 뒤 관찰하고 깨달은 점을 동료와 공유한다. 동료의 피드백을 얻는다.

3주　두 번째 스트레치
말하기와 듣기 방식의 기준선을 정하라

---

(1) 집과 일터, 공동체에서 협력에 사용하는 시간이 어느 정도인지 생각해본다. 협력에서 네 가지 방식의 말하기와 듣기에 활용하는 시간이 얼마인지 계산한다. (다 합쳐서 100퍼센트가되어야 한다.) 희망 사항이 아니라 현재의 행동을 정확하고 솔직하게 평가한다.

    └ 경청하지 않고 사실이거나 안전하거나 정중한 말만 하는 다운로딩은 몇 퍼센트인가?

    └ 진짜 생각을 말하고 정확성을 따지며 듣는 토론은 몇 퍼센트인가?

    └ 자신의 견해를 말하고 상대방의 입장에 귀 기울이는 대화는 몇 퍼센트인가?

    └ 커다란 전체의 일부라는 사실을 인식하면서 말하고 듣는 실존체험은 몇 퍼센트인가?

    └ 이 중에서 가장 편안하게 느껴지는 행동 방식은 무엇인가? 가장 불편한 행동 방식은 무엇인가?

ㄴ 집이나 일터, 공동체 등 환경에 따라 활용하는 행동 방식이 달
라지는가?

(2) 동료에게 위 질문에 답해서 나를 평가해달라고 한다.
(내 답을 보여주기 전에 부탁한다.)

(3) 동료를 만난다.

ㄴ 서로의 답을 공유한다.

ㄴ 동료의 평가를 들어본다.

ㄴ 나와 동료의 평가가 다른 부분에 관해 이야기한다.

ㄴ 메모한다.

ㄴ 이번 주가 지나고 다시 이야기 나누자고 한다.

(4) 일주일 동안 다른 사람들과 일할 때 자신의 말하기와 듣기 방
식에 주의를 기울인다. 정확한 문장을 사용한다. 다운로딩
할 때는 "정답은……"이라고 한다. 토론할 때는 "내 생각에
는……"이라고 한다. 대화할 때는 "내 경험에 따르면……"이
라고 한다. 실존 체험할 때는 "지금 내가 알아차린 바는……"
이라고 한다. 매일 관찰하고 돌아본 내용을 기록한다.

(5) 일주일이 끝난 뒤 내 관찰과 동료의 평가를 비교해본다. 깨달
은 점을 적는다.

(6) 내가 관찰하고 깨달은 점을 동료와 공유한다. 동료의 피드백
을 얻는다.

4주 두 번째 스트레치

듣기와 말하기 방식에서 다운로드와 토론보다
대화와 실존 체험을 활용하라

(1) 일주일 동안 다른 사람들과 일할 때 대화와 실존 체험만 활용한다. 다운로딩과 토론을 활용하는 것을 알아차릴 때마다 대화("내 경험에 따르면……")나 실존 체험("지금 내가 알아차린 바는……")으로 바꾼다. 매일 관찰하고 돌아본 내용을 기록한다.

(2) 일주일이 끝난 뒤 내가 관찰하고 깨달은 점을 동료와 공유한다. 동료의 피드백을 얻는다.

5-6주 세 번째 스트레치

사이드라인에서 본게임으로 들어가라

(1) 집이나 일터, 공동체에서 현재 진전 없이 꽉 막힌 협력 프로젝트나 계획을 떠올린다.

(2) 프로젝트의 현재 상황을 두 가지 관점에서 기술한다.

    └ 첫째, 상황 바깥쪽에서 관찰하거나 지시하는 위치에서 설명한다. 다른 사람들의 행동이 상황에 어떤 영향을 끼치는지, 꽉 막힌 상황이 진전되려면 그들이 어떻게 바뀌어야 하는지 자세히

적는다.

↳ 둘째, 상황 안쪽으로 들어가 공동 창조자로 참여하는 위치에서
설명한다. 내 행동이 상황에 어떤 영향을 끼치는지, 꽉 막힌 상
황이 진전되려면 내가 어떻게 바뀌어야 하는지 자세히 적는다.

(3) 프로젝트와 관련해 내가 현재 취하는 크고 작은 행동을 전부
적는다. 모든 행동을 짚어보면서 첫 번째와 두 번째 관점 가
운데 어떤 관점으로 행동하고 있는지 살펴본다.

(4) 두 가지 관점과 내 행동 목록을 동료와 공유하고 피드백을 구
한다. 동료에게 명료하고 통찰력 있다고 생각하는 부분과 틀
리거나 빠졌다고 생각하는 부분은 무엇인지 묻는다.

(5) 첫 번째 관점에서 나오는 행동을 두 가지 고른다. 공동 창조
자의 역할을 강화하기 위해 그 행동을 바꾸지 않고 버려야 하
는지 제대로 기능을 수행하도록 조정해야 하는지 결정한다.

(6) 두 번째 관점에서 나오는 행동을 하나 고른다. 공동 창조자의
역할을 강화하기 위해 어떻게 할지 생각해본다.

(7) 앞으로 2주 동안 세 가지 행동에 대한 변화를 시행한다. 매일
관찰하고 돌아본 내용을 기록한다.

(8) 일주일이 끝난 뒤 내가 관찰하고 깨달은 점을 동료와 공유한
다. 동료의 피드백을 얻는다.

앞으로 나아가는 길

한동안 새로운 행동을 연습하고 한결 익숙해지면 좀 더 복잡하고 대립적인 상황에서도 시도해볼 수 있다. 행동이 원하는 결과로 이어질 때도 있지만 그렇지 못할 때도 있을 것이다. 목표는 사회적 맥락에서 거의 불가능한 완전무결한 협력이 아니라, 자신의 행동과 상황의 영향력을 인식해 더 빠르게 적응하고 배우는 것이다. 이렇게 하면 무의식적인 무능에서 의식적인 무능으로, 또 의식적인 유능과 무의식적인 유능으로 옮겨갈 수 있다.

스트레치를 배울 때 만나는 가장 큰 장애물은 습관적인 방식의 익숙함과 편안함에서 벗어나는 것이다. '이 방법이 분명하다'라는 서술법에서 '이 방법일 수도 있다'라는 가정법으로 옮겨가야 한다. 자신의 견해와 입장, 정체성에 대한 집착을 풀고 작게 수축한 자아를 더 크고 자유로운 자아를 위해 희생해야 한다. 따라서 스트레치는 두려우면서도 해방감을 준다.

미국의 태극권 지도자 울프 로언솔Wolfe Lowenthal은 태극권의 추수推手라는 수련법에 대해 이렇게 설명한다.

상대가 아무리 단단하고 물러섬이 없다 해도 상대를 부드럽게 다룰 수 없다는 것은 우리 자신이 움직일 수 없는 상태임을 뜻한다. 추수의 목적은 이기는 것이 아니다. 추수의 핵심은 꽉 막힌 상태를 탐구하고 결국 없애는 것이다. 우리가 정말로 겨뤄야 하는 '적'은 자기 자신이다. 평소에 숨기는 문제가 물리적으로 표현되는 모습을 정면으로 마주한다. 이러한 자아와의 대면에는 전진의 가능성이 들어 있다. 이런 기회를 주는 상대에게 고마워해야 한다.[2]

이처럼 놀랍게도 협력을 배울 때는 적이라고 생각되는 사람들이 유용한 역할을 해준다. 스트레치하려면 나와 다른 상대에게서 멀어지지 않고 오히려 그쪽으로 다가가야 한다. 가장 어렵다고 느끼는 상황일수록 많은 것을 배울 수 있다. 상대방이 내 뜻대로 되지 않으니 내가 앞으로 나아가는 방법을 찾아야 하기 때문이다. 적은 가장 좋은 스승이 되어줄 수 있다.

주석

주석에 언급되지 않은 책 속의 모든 인용문은 개인적인 대화에서 나온
것이다.

1장 더 중요해졌지만 더 어려워진 협력

1. Lewis Thomas, "On the Uncertainty of Science," *Key Reporter*,
   Autumn 1980, 10.

2. Ana Marie Cox, "Aasif Mandvi Knows How to Make America
   Great Again," *New York Times*, October 4, 2016.

3. Quoted in Walter Winchell, "Walter Winchell On Broadway,"
   Laredo Times, November 9, 1949.

4. *The Concise Oxford Dictionary of Current English* (Oxford: Oxford
   University Press, 1983).

2장 협력은 유일한 선택지가 아니다

1. James Gimian and Barry Boyce, *The Rules of Victory: How to
   Transform Chaos and Conflict—Strategies from* The Art of War
   (Boston: Shambhala, 2008), 11.

2. See Adam Kahane, *Transformative Scenario Planning: Working
   Together to Change the Future* (San Francisco: Berrett-Koehler

Publishers, 2012), 1–13.

3. See Hal Hamilton, "System Leaders for Sustainable Food," *Stanford Social Innovation Review*, Winter 2015, and www.sustainablefoodlab.org.

3장   기존의 억압적인 협력은 쓸모없다

1. John Maynard Keynes, *The General Theory of Employment, Interest, and Money* (New York: Harcourt, Brace & World, 1965), vii.

2. Kees van der Heijden, *Scenarios: The Art of Strategic Conversation* (Chichester, West Sussex, England: John Wiley & Sons, 1996), 21.

3. Horst W. J. Rittel and Melvin M. Webber, "Dilemmas in a General Theory of Planning," *Policy Sciences* 4 (1973), 155.

4. Graham Leicester and Maureen O'Hara, *Ten Things to Do in a Conceptual Emergency* (Fife, Scotland: International Futures Forum, 2003), 5.

5. Isaiah Berlin, "A Message to the 21st Century," *New York Review of Books*, October 23, 2014.

6. Michael Fulwiler, "Managing Conflict: Solvable vs. Perpetual Problems," http://www.gottman.com, July 2, 2012.

4장   전통적이지 않은 스트레치 협력이 필수다

1. André Gide, *The Counterfeiters* (New York: Vintage Books, 1973), 353.

2. Juan Manuel Santos, "Presentacíon" ("Presentation"), in Adam Kahane, *Poder y Amor: Teoría y Práctica para el Cambio Social* ("Power and Love: A Theory and Practice of Social Change") (La

Paz, Bolivia: Plural, 2011), 14.

3. *Transformative Scenario Planning*, 79–90.

4. "Siempre en búsqueda de la paz" ("Always Searching for Peace"), October 7, 2016, es.presidencia.gov.co.

5장   첫 번째 스트레치, 갈등과 연결을 수용하기

1. Leonard Cohen, "Different Sides," *Old Ideas*, 2012.

2. See Elena Díez Pinto et al., *Los Escenarios del Futuro* ("Scenarios of the Future") (Guatemala City, Guatemala: Visión Guatemala, 1999); and Elena Díez Pinto, "Building Bridges of Trust: Visión Guatemala, 1998–2000," in Katrin Käufer et al., *Learning Histories: Democratic Dialogue Regional Project*, Working Paper 3 (New York: United Nations Development Programme Regional Bureau for Latin America and the Caribbean, 2004). See also Adam Kahane, *Power and Love: A Theory and Practice of Social Change* (San Francisco: Berrett-Koehler Publishers, 2009), 32–35, 42–46, 113–27.

3. Elena Díez Pinto, "Building Bridges of Trust," 30.

4. David Suzuki, "Imagining a Sustainable Future: Foresight over Hindsight," Jack Beale Lecture on the Global Environment, University of New South Wales, September 21, 2013.

5. Arthur Koestler, *The Ghost in the Machine* (London: Hutchinson & Co, 1967), 48.

6. Adam Kahane, ed., *Possible Canadas: Perspectives on Our Pasts, Presents, and Futures*, project report, 2015.

7. See *Power and Love*, 2; and Paul Tillich, *Love, Power, and Justice: Ontological Analyses and Ethical Applications* (New York: Oxford University Press, 1954), 25, 36.

8. Barry Oshry, "Power Without Love and Love Without Power: A Systems Perspective" (unpublished paper, 2009).

9. Martin Luther King Jr., "Where Do We Go from Here?" Speech to the Southern Christian Leadership Conference, Atlanta, Georgia, August 16, 1967.

10. Robert Caro, *Master of the Senate: The Years of Lyndon Johnson* (New York: Vintage, 2003, reprint ed.), 834.

11. See Barry Johnson, *Polarity Management: Identifying and Managing Unsolvable Problems* (Amherst, MA: HRD Press, 2014).

12. James Hillman, *Kinds of Power: A Guide to Its Intelligent Uses* (New York: Doubleday, 1995), 108.

13. 캐나다의 생태학자 C. S. 홀링C. S. Holling이 시스템 회복력에 관한 논문에서 설명한, 다르지만 연관 있는 주기로 진행되는 진화 과정. 이 주기에서 안정적이고 예측 가능한 성장과 통합은 그보다 짧고 불안정하며 예측 불가능한 혁신과 재조직 기간으로 중단된다. C. S. Holling, "Understanding the Complexity of Economic, Ecological, and Social Systems Ecosystems," *Ecosystems* 4, issue 5 (August 2001), 390–405.

6장 두 번째 스트레치, 실험하며 나아가기

1. "Caminante, no hay camino, se hace camino al andar." In Antonio Machado, "Proverbios y cantares XXIX," *Campos de Castilla* (Madrid: Editorial Poesia eres tu, 2006), 131.

2. "The War on Drugs: Are we paying too high a price?" Count the Costs, 2013, http://www.countthecosts.org/sites/default/files/War%20on%20Drugs%20-%20Count%20the%20Costs%207%20cost%20summary.pdf, 3.

3. Juan Manuel Santos, "Consumer countries should take more effective measures to reduce the demand for illicit drugs," November 22, 2011, presidencia.gov.co.

4. *Scenarios for the Drug Problem in the Americas 2013–2025* (Washington, DC: Organization of American States, 2013).

5. Juan Manuel Santos, "Declaración del Presidente Juan Manuel Santos después de recibir el informe 'El problema de las drogas en las Américas' por parte de la Organización de Estados Americanos" ("Speech given by President Juan Manuel Santos on receiving the report 'The Drug Problem in the Americas' by the Organization of American States"), May 17, 2013, es.presidencia.gov.co.

6. José Miguel Insulza, "The OAS drug report: 16 months of debates and consensus" (Washington, DC: Organization of American States, 2014), 3.

7. Peter Senge et al., *The Dance of Change: The Challenges to Sustaining Momentum in a Learning Organization* (New York: Crown Business, 1999).

8. Quoted in Barbara Heinzen, *Feeling for Stones: Learning and Invention When Facing the Unknown* (London: Barbara Heinzen, 2006).

9. Karl E. Weick, *Making Sense of the Organization* (Oxford: Blackwell Publishing, 2001), 345–46.

10. Henry Mintzberg and James A. Waters, "Of Strategies, Deliberate and Emergent," *Strategic Management Journal 6,* no. 3 (1985), 257.

11. Henri-Georges Clouzot, *The Mystery of Picasso*, film, 1956.

12. C. Otto Scharmer, *Theory U: Leading from the Future as It*

Emerges (San Francisco: Berrett-Koehler Publishers, 2009).

13. John Keats, *The Complete Poetical Works and Letters of John Keats* (Boston: Houghton, Mifflin and Company, 1899), 277.

14. Shunryu Suzuki, *Zen Mind, Beginner's Mind* (Boston: Shambhala, 2011), 1.

15. Katrin Käufer, "Learning from the Civic Scenario Project: A Tool for Facilitating Social Change?" in Käufer et al., *Learning Histories.*

16. Scharmer, *Theory U,* 267.

17. Peter Senge, Otto Scharmer, Joseph Jaworski, and Betty Sue Flowers, *Presence: Human Purpose and the Field of the Future* (New York: Broadway Business, 2008).

7장   세 번째 스트레치, 발을 내디뎌보기

1. Wikipedia, "Pogo (comic strip)," https://wikipedia.org/wiki/Pogo_(comic_strip).

2. See "The Bhavishya Alliance: Legacy and Learning from an Indian Multi-sector Partnership to Reduce Child Undernutrition," project report, April 2012; Kahane, Power and Love; and Zaid Hassan, The Social Labs Revolution: A New Approach to Solving Our Most Complex Challenges (San Francisco: Berrett-Koehler Publishers, 2014).

3. Martin Buber, *The Way of Man: According to the Teaching of Hasidism* (Wallingford, PA: Pendle Hill Publications, 1960), 21.

4. Jerome K. Jerome, *Three Men in a Boat* (London: Penguin, 2008), 49.

5. "An Introduction to Mimetic Theory" and "Scapegoating," *Raven Review,* https://www.ravenfoundation.org/faqs/.

6. Augusto Boal, *Theatre of the Oppressed* (New York: Theatre Communications Group, 1993).

7. Eknath Easwaran, trans., *The Bhagavad Gita* (Tomales, CA: Nilgiri Press, 1998), chapter 2, verse 47.

결론 스트레치 배우기

1. 이 연습법은 나의 동료 이언 프린슬루Ian Prinsloo가 루실린 댄시거 Lucilene Danciguer, 니콜 엔다콧Nicole Endacott, 카린 호멜스Karin Hommels, 아나이 리나레스 멘데스Anai Linares Mendez, 마리아나 미란 다Mariana Miranda, 엘리자베스 피닝턴Elizabeth Pinnington, 모니카 폴만 Monica Pohlmann, 마누엘라 레스트레포Manuela Restrepo, 마무드 손데이 Mahmood Sonday의 조언과 테스트를 바탕으로 고안했다.

2. Wolfe Lowenthal, *There Are No Secrets: Professor Cheng Manch'ing and His Tai Chi Chuan* (Berkeley: North Atlantic Books, 1991), 19.

찾아보기

감사의 말

《협력의 역설》을 출판하는 작업은 발전적이고 너그러운 협력을 경험하게 해준 멋진 일이었다. 이 책은 동료들과 중요한 프로젝트를 함께한 경험에서 나왔다. 본문에서도 소개한 프로젝트들을 함께하며 동료애를 나누어준 이들에게 감사를 전한다.

스티브 앳킨슨, 브레나 애트니코프, 애덤 블랙웰, 밀리 보예르, 마누엘 호세 카르바할, 수미트 참프라시트, 엘레나 디에스 핀토, 베티 수 플라워스, 로사나 푸엔테스 베레인, 오스카 그로스만, 할 해밀턴, 자이드 하산, 스티븐 후다트, 조지프 야보르스키, 고프트 카니아포른, 루스 크리보이, 피터 르 루, 아이움포른 로이프라디트, 훌리오 마드라조, 빈센트 마파이, 조 매캐론, 아나이 리나레스 멘데스, 호아킨 모레노, 후안 카를로스 모리스, 구스타보 무티스, 레올라 펠프스, 엘리자베스 피닝턴, 모니카

폴만, 이언 프린슬루, 톰 라우텐버그, 마누엘라 레스트레
포, 수리타 산도샴, 폴 시몬스, 호르헤 탈라베라.

　　나는 이 책을 쓰면서 '소리 내어 쓰기'를 실험했다.
미치 앤서니와 티에 프랑코 브로토의 도움 덕분이었다.
온라인에 매 장씩 초고를 올려 관심 있는 독자들의 피드
백을 받았다. 독자들의 반응은 놀라울 정도로 열정적이
고 유용했다. 모든 경로에서 소중한 피드백을 준 다음의
모든 사람에게 감사를 전한다.

　　크리스 아벨레스, 미셸 애덤, 크리스 알트미쿠스, 찰
스 아노시케, 안토니오 아라니바, 헬렌 아스타르트, 스티
브 앳킨슨, 제프 바넘, 안토니아 바움, 허먼 바빙크, 사비
나 버먼, 두안 비그스, 릭 블랙, 피터 블록, 밀 보예르, 마
크 버든, 마크 카바지, 더그 캔터베리카운츠, 줄리아 캔
티, 앤 웨버 칼슨, 호세 부치 카사리, 장 피에르 샤보, 수
미트 참프라시트, 마이클 첸더, 톰 크리스텐슨, 밀젠코
시메사, 데이비드 쿠퍼, 크리스 코리건, 마리클레어 다
거, 제임스 데이비스, 밀턴 도스, 데이비드 다이아몬드,
헤인 다이크스터후이스, 휴고 디오구, 데브라 던, 콜 두
티, 마틴 에차바리아, 돈 엘리슨, 니콜 엔다콧, 캐롤린 피
게레스, 베티 수 플라워스, 리베카 프리스, 캐서린 풀턴,
허먼 펑크, 데브 두건 가르시아, 빅터 가르시아, 로버트

가스, 미셸 겔로브터, 제임스 기미언, 스테이시 고핀, 피에르 고이란, 대니 그레이엄, 존 그리핀, 오스카 그로스만, 비나이 건서, 위스케 하그, 낸시 헤일, 퍼트리샤 헤일, 살리나 한, 에이지 하라다, 세자르 데 하트, 마틴 호크스, 크레시다 하예스, 앨리슨 휼릿, 다니얼 히르슐, 존 호엘, 스티븐 후다트, 모니크 잔마트, 배리 존슨, 브래드 존스턴, 알 존스, 데이비드 카헤인, 도로시 카헤인, 제드 카헤인, 고프트 카냐포른, 앨라 콜리나, 샤론 조이 클레이치, 바버라 크루스, 사우라바 쿨슈레스타, 숀 러플러, 로렌초 라라, 댄 레이히, 그레이엄 레스터, 메그 라비, 캐시 루이스, 마리아 루이츠키밀리건, 찰스 라인스, 랄프 리폴드, 캐서리나 로베크, 애움포른 로이프라디트, 자닌 마셰트, 로비 맥퍼슨, 콜린 매그너, 아룬 마이라, 에이미 마크스, 샌드라 마르티네스, 조 맥카론, 시저 맥다월, 빌 매킨토시, 진 맥퍼슨, 팀 메리, 데니 미노, 콜린 미첼, 아일린 무아르, 티나 몬버그, 캐럴 무어, 아서 물리로, 아난트 나드카르니, 제리 네이절, 조 넬슨, 마리아 애나 네베스, 제임스 뉴컴, 반가니 응젤레자, 테리 니컬스, 바티안 니우에스, 조스 니스텐, 시부트 누테붐, 바버라 누스바움, 리이치로 오다, 대니얼 올딩, 배리 오슈리, 에르베 오트, 웬디 파머, 스콧 페레, 레올라 펠프스, 기퍼드 핀초트, 엘리자베스 피닝턴, 모니카 폴만, 데이비드 포르티요, 앤서니 프랭글리, 이안 프린슬루, 멀리사 조지핀 라모스, 마틴 라우시, 데버라 라베츠, 제롬 라베츠, 마크 리치, 마티 로치, 알랭 뤼슈, 크리스텔 숄텐, 헨리 센코, 데이비드 샌들러, 게리 슝크, 리즈 스켈턴, 딜런 스카이브룩, 티머시 스미스, 더크 스틴, 돈 데 수자, 우타 스톨츠, 킴 스트라이커, 질 스웬슨, 수전 슈파코브스키, 제임스 테일러, 이본 새크레이, 시어도어 토머스, 데이비드 톰슨, 랠프 토리, 알퍼 우트쿠, 마르코 발렌테, 캐런 베르버그, 파블로 빌로치, 피에르 부아린, 아드리안 바그너, 콜린 워커, 파스칼 바티오, 더그 와인필드, 빅토리아 와일딩, 수 비테눔, 하이디 데 울프, 케리 우드콕, 테리사 우들런드, 버트럼 지첼, 로사 수비사레타.

오랜 협력자인 제프 바넘과 나눈 대화는 책의 내용을 더욱 풍성하게 해주었다. 이 책은 협력의 이론뿐 아니라 실제를 제공한다. 나는 원고를 집필하는 동시에 역량 강화 연습법과 세미나, 워크숍 묶음을 고안했다. 동료 이안 프린슬루가 훌륭한 파트너로 함께 작업해주었다.

이 책을 쓰면서 가장 멋진 경험은 베럿콜러Berrett-Koehler 출판사의 프로 정신이 빛나는 탁월한 팀과 함께 일할 수 있었다는 것이다. 특히 마이클 크롤리, 폴라 더

빈웨스트비, 캐런 힐 그린, 린다 주피터, 로라 린드, 엘리사 라벨리노, 지반 시바수브라마니암, 에드워드 웨이드, 라셀 휘플, 스티브 피어산티에게 감사를 전한다.

리오스파트너스의 오랜 친구들, 특히 우리 글로벌 리더십 팀원들이 보내준 격려와 동료애가 없었다면 이 책을 쓰지 못했을 것이다. 스티브 앳킨슨, 밀리 보예르, 리 개스너, 존 그리핀, 콜린 매그너, 바티안 니우에, 조스 니스텐, 엘리자베스 피닝턴, 모니카 폴만, 크리스텔 숄텐, 조 매캐론에게 고맙다.

여기에서 미처 언급하지 못한 사람들에게 미안한 마음을 전한다. 이 책에 부족함이 있다면 그것은 모두 나의 부족함이다. 마지막으로 있는 모습 그대로 나에게 힘을 주는 도로시에게 가장 큰 감사를 전한다.

리오스파트너스Reos Partners 소개

어떻게 문제를 함께 해결할 수 있는가?

리오스 파트너스는 진전을 이루는 방법을 아는 세계적인 사회적 기업입니다. 우리는 20년 동안 시스템을 바꾸는 프로젝트를 설계하고 도와주는 중재자facilitator로 복잡하고 꽉 막힌 난제를 해결하는 변혁적인 방법을 구축해왔습니다. 우리는 실용적이고 창의적인 접근법을 활용해 정부와 기업, 시민 단체, 교육, 건강, 식품, 에너지, 환경, 성장, 정의, 보안, 평화 등 인류의 가장 중요한 사안을 함께 해결해나가고 있습니다. 복잡하고 혼란스럽고 갈등 많은 상황에서 사람들이 함께 새로운 현실과 좀 더 나은 미래를 만들도록 도와주고 있습니다.

함께 현재 상황에 도전하도록 도와주는 기업

다양한 이해 관계자가 현재 상황에 도전하고자 모이는 순간 진전의 출발점이 됩니다. 리오스파트너스는 전체

시스템에 속한 이해 관계자를 한자리에 모으는 프로젝트를 함께합니다. 정치가, 사회운동가, 기업 임원, 군 장성, 게릴라 요원, 노동조합원, 사회운동가, 예술가, 연구자, 성직자, 지역사회 지도자… 다양성은 문제처럼 느껴질 수도 있지만 문제 해결의 핵심입니다. 전문성을 겸비한 리오스파트너스는 관점과 이해관계가 다른 사람들이 공동의 사안을 위해 협업하도록 이끌어줍니다.

시스템을 바꾸는 증명된 방식

리오스파트너스의 프로젝트는 세 가지 규모로 이루어집니다. 며칠의 사건, 몇 달의 진전, 몇 년 동안 작동하는 플랫폼. 단 한 차례 사건은 새로운 통찰과 관계, 역량으로 이어지지만 장기적인 플랫폼은 새로운 실험과 이니셔티브, 움직임을 가능하게 해 궁극적으로 시스템 자체를 바꿉니다. 우리는 상황에 따라 맞춤화된 방식을 적용하지만 대부분 시험을 거친 네 가지 방식을 활용합니다. 바로 대화 면담, 학습 여정, 변화 시나리오, 사회적 실험실입니다. 지속적인 시스템 변화를 가능하게 하는 역량과 기술을 구축하는 교육과 코칭 서비스도 제공합니다.

전 세계의 필수적 난제를 진전시킨다

즉각적인 해결책은 없습니다. 시스템이 바뀌려면 시간
과 에너지, 자원, 기술이 필요합니다. 이런 것들이 갖추
어진 우리의 프로젝트는 회복적인 네트워크와 연대, 생
태계가 스스로 만들어지고 성장하게 합니다.

함께 일합시다

리오스파트너스는 케임브리지매사추세츠주와 제네바,
요하네스버그, 멜버른, 몬트리올, 상파울로, 헤이그에 지
사를 두고 국내 및 국제 프로젝트를 진행합니다.

www.reospartners.com/stretchcollaboration.

협력의 역설

세상을 바꾸는 분열의 힘

애덤 카헤인 지음
정지현 옮김

초판 1쇄 2020년 06월 10일 발행
초판 3쇄 2022년 05월 25일 발행

ISBN 979-11-5706-199-0 (03300)

만든 사람들

편집	유온누리
편집도움	우하경
디자인	곽은선
마케팅	김성현 김예린
인쇄	한영문화사

펴낸이	김현종
펴낸곳	(주)메디치미디어
경영지원	전선정 김유라
등록일	2008년 8월 20일
	제300-2008-76호
주소	서울시 중구 중림로7길 4
전화	02-735-3308
팩스	02-735-3309
이메일	medici@medicimedia.co.kr
페이스북	facebook.com/medicimedia
인스타그램	@medicimedia
홈페이지	www.medicimedia.co.kr

이 도서의 국립중앙도서관 출판예정도서목록(CIP)은
서지정보유통지원시스템 홈페이지(http://seoji.nl.go.kr)와
국가자료종합목록시스템(http://www.nl.go.kr/kolisnet)에서
이용하실 수 있습니다. (CIP제어번호: CIP2020021436)